교육과정
문해력
프로토콜

교육과정 문해력 프로토콜

ⓒ 박윤경, 김미혜, 장지은, 2021

2021년 2월 5일 처음 펴냄
2022년 3월 2일 초판 2쇄 찍음

글쓴이 | 박윤경, 김미혜, 장지은
기획·편집 | 서경, 이진주
출판자문위원 | 이상대, 박진환
디자인 | 이수정
제작 | 세종 PNP

펴낸이 | 김기언
펴낸곳 | 교육공동체 벗
이사장 | 최은숙
사무국 | 최승훈, 이진주, 설원민, 서경, 공현
출판등록 | 제2011-000022호(2011년 1월 14일)
주소 | (03971) 서울시 마포구 성미산로1길 30 2층
전화 | 02-332-0712
전송 | 0505-115-0712
홈페이지 | communebut.com
카페 | cafe.daum.net/communebut

ISBN 978-89-6880-145-7 93370

교사 전문성 개발 총서 03

교육과정 문해력 프로토콜

박윤경 김미혜 장지은 씀

교육공동체벗

차례

1부 교육과정 문해력의 이해

2부 교육과정 문해력 프로토콜의 실제

〈교사 전문성 개발 총서〉는 학교 문화와 교사 전문성, 수업 연구, 실행 연구action research 등의 중요성을 일찍이 파악하고 꾸준한 노력을 경주해 온 청주교육대학교 교육연구원의 중요한 연구와 실천의 성과물을 정리하여 공유하는 시리즈 출판물이다. 〈교사 전문성 개발 총서〉 시리즈는 2014년에 발간된 1권《수업 비평의 이론과 실제》를 시작으로 2019년에 2권으로《교사학습공동체의 이론과 실제》를 발행하였으며, 이번에 3권으로《교육과정 문해력 프로토콜》을 발행하게 되었다.

청주교육대학교 교육연구원은 2008년 한국연구재단의 중점연구소로 지정되어 '교사의 자기주도적 교수 역량 강화를 위한 PDS 구축 연구'라는 주제로 9년 동안 집중적으로 연구를 수행하였다. 이 연구는 '수업 설계와 실행', '수업 성찰', '수업 소통'의 3가지 영역으로 구분된다. 청주교육대학교 교수들은 물론 학교 현장의 많은 교사들, 그리고 학교 문화와 교사 전문성, 수업 연구 등에 관심을 가진 많은 연구자들이 참여하여, 학교 문화와 수업을 둘러싼 생태계를 변화시키는 데 기여하였다. 9년 동안 수업, 교사, 학교 문화와 관련된 24회의 국내 학술대회, 9회의 국제 학술대회가 개최되었다. 100편 이상의 논문이 KCI 목록에 있는 학술지에 게재되었으며, 250편 이상의 발표가 국내외 학술대회에서 수행되었다. 셀 수 없는 수업 나눔과 수업 비평이 수행되었으며, 학교 문화에 대한 진단과 이해도 수행되었다.

그 결과 수업 비평, 수업 연구, 교사학습공동체, 실행 연구 등의 개념과 관련 연구가 하나의 중요한 학문 분야를 이루었으며, 일상적인 학교 문화 속에도 자리 잡게 되었다. 이러한 연구와 실천의 전통은 2021년 현재에 이르기까지 계속 이어져 오고 있으며, 2021년 1월 감염병이 대유행하는 상황에서 온라인으로 개최된 제4회 청주교사교육포럼CITEF에서는 '한국 수업의 역사와 인물'이라는 주제로 미국·덴마크·일본·한국의 수업에 대한 고찰을 포함한 국내외 학술대회, 13개 교사 단체의 16개 워크숍, 수업 비평 공모전 시상식과 워크숍, 수업 전문성 나눔의 장 등이 이어졌으며, 연인원 2천여 명이 참여하였다.

교육과정 문해력에 대한 이해와 이를 증진하기 위한 프로토콜의 실제를 포함한 이 책은 최근 학생들의 행위주체성student agency과 교사들의 행위주체성teacher agency을 강조하고 있는 교육의 흐름 및 지향과 관련하여 큰 의미를 가진다. 2018년 발간된 〈OECD 학습 2030The future of education and skills: Education 2030〉에서는 교육의 지향을 개인과 사회의 웰빙well-being을 추구하는 것으로 설정하고, 이를 위한 학생의 행위주체성과 변혁적 역량transformative competences을 핵심적으로 제안하며, 이를 가능하게 하는 교사의 행위주체성을 강조한다.

이에 의하면 교사는 교육과정 문해력을 기반으로 한 교육과정 재구성을 통해 학생들이 행위주체자로 기여할 수 있는 수업과 교육의 장을 펼쳐 주어야 한다는 것이다. 이러한 흐름은 2022년 개정될 차기 교육과정에서도 강조될 것으로 예측된다. 따라서 교육과정을 읽어 내서 이해하고 설명하는 것은 물론, 이를 비판적으로 재구성할 수 있는 역량을 가진 교사가 될 수 있도록 지원할 필요가 있다. 이 책은 이런 과정에 크게 기여할 수 있을 것이다. 특히 교과 수준을 넘어 교과 통합 수준의 재구성 프로토콜을 담고 있는 후반부의 내용은 사회의 변혁에 기여할 수 있는 행위주체자로서의 학생을 길러 내는 초석이 될 수 있을 것이다.

어려운 상황에서 이 책을 집필하는 데 수많은 밤을 보냈을 박윤경, 김미혜, 장지은 교수 등 저자들과 이 책의 검토, 편집, 제작 등에 관여한 많은 분들의 노고에 감사를 드린다. 모쪼록 이 책이 교사와 학교와 수업의 변화를 통해 우리 교육과 사회를 변화시키는 데 기여할 수 있기를 바란다.

2021년 2월

청주교육대학교 교육연구원장 이선경

교사 전문성 개발 총서를 펴내며

〈교사 전문성 개발 총서〉는 2008년 한국연구재단의 중점연구소로 지정된 청주교육대학교 교육연구원의 연구 성과를 집대성한 시리즈이다. 교육연구원은 '교사의 자기주도적 교수 역량 강화를 위한 PDS 구축 연구'라는 프로젝트 명 아래 수업 개선과 학교 문화 혁신을 위한 실행 연구를 전개해 왔다. 《수업 비평의 이론과 실제》는 〈교사 전문성 개발 총서〉의 1권이며, 앞으로 5권 정도의 시리즈 총서를 더 간행할 예정이다.

청주교육대학교 교육연구원은 한국연구재단의 중점연구소로 지정된 이래 '수업 설계와 실행', '수업 성찰', '수업 소통'이라는 세부 주제를 설정하고 수업과 학교 문화의 변화를 모색해 왔다. 교육연구원이 걸어오고 추구해 가는 교육 연구의 길은 다음의 세 가지 점에서 지금까지의 교육 연구와 차별화되는 인식과 실천의 전환을 보여 주고 있다. 첫째, 우리 교육연구원이 추구하는 연구 방법론은 교육 현장의 문제 해결을 지향하는 실행 연구라는 점이다. 둘째, 교육 현장의 문제 해결을 지향할 때 초점으로 삼은 것이 현장 문제의 당사자인 교사의 전문성 개발이라는 점이다. 셋째, 교사의 전문성을 개발하는 방법으로 선택한 것이 현장에서 이루어지는 체계적이고 집단적인 공동체 학습이라는 점이다. 이 세 가지 특징은 지금까지 이루어져 온 숱한 교육개혁 연구 프로젝트가 필연적으로 맞닥뜨린 좌절의 벽을 넘어서는 인식과 실천의 전환점이다.

실행 연구action research는 우리 교육연구원의 연구 방법론이다. 실행 연구는 문제에 대한 외부 전문가의 객관적인 관찰과 해석, 그에 기초한 합리적 처방을 모색하는 기존의 연구 방법과는 다른 접근법을 취한다. 교육에서의 실행 연구는 교육 현장의 당사자인 교사와 그들의 조력자가 연구의 주체가 되어 학교 현장의 문제를 인식하고 문제 해결을 위한 실행을 하고 실행의 과정과 결과를 성찰한다. 예컨대 수업 개선을 위한 교사학습공동체Professional Learning Community, PLC 운영에서 외부의 조력자는 느리게 가더라도 현장의 교사들이 주체가 되어 수업 개선 방향을 모색하도록 돕는다. 이것은 문제의 당사자가 실행 연구의 주체가 된다는 실행 연구의 원칙에 따른 것이다. 실행 연구는 문제의 해결을 목적으로 삼는다. 실행 연구가 '계획 – 실행 – 성찰 – 새로운 계획'이라는 심화·확장되는 나선형 발전 과정을 거치는 것도 현장 문제의 해결을 지향점으로 삼는 실행 연구의 본질에 따르는 양상이라 할 수 있다.

교사의 전문성 개발은 우리 교육연구원이 선택한 연구의 초점이다. '교육의 질은 교사의 질을 넘어서지 못한다'는 말에서 보듯이 교사는 교육의 질을 가늠하는 바로미터이다. 우리는 교사의 전문성 개발을 현장의 수업을 개선하고 학교 문화를 변화시키는 지렛대로 삼으려 했으며, 수년에 걸친 실행 연구의 과정에서 그러한 선택이 올바른 선택이었음을 확신하게 되었다.

교사의 전문성 개발을 위해 우리 교육연구원이 선택한 접근 방법은 체계적이고 자율적인 공동체 학습이다. 즉, 교사 개개인의 교육 역량 강화에 초점을 맞추기보다는 교사들의 자율적이고 집단적인 노력과 전문적인 질 관리에 중점을 두고 있다. 이러한 접근 방법으로 실현되는 것이 다름 아닌 교사의 전문성 개발 과정 자체가 현장의 변화를 수반하는 전문성개발체제Professional Development System, PDS 이다.

청주교육대학교 교육연구원은 이러한 연구 주제와 방향에 따라 6년째 실행 연구를 진행해 오고 있으며, 3단계 연구 진입을 앞둔 시점에서 다음과 같은 네 가지 범주에서 성과가 나타나고 있다. 첫째, 현장 교사의 교육과정 문해력 향상을 위한 연구 성과이다. 현장 교사들은 전문가가 해석해 주는 교육과정을 소비하는 수동적인 주체가 아니라 스스로 교육과정을 읽고 쓰는 능동적인 주체로 새롭게 자리매김을 하고 있다. 둘째, 수업 비평을 통한 안목의 성장과 교류이다. 수업 비평은 수업을 새롭게 바라보는 성찰의 도구이고, 안목을 성장시키는 교육의 방법이며, 수업 문화를 나누는 교류의 방편이다. 수업 비평은 수업을 나누는 장을 엶으로써 우리 수업 문화의 폐쇄성을 극복하는 대안이 되고 있기도 하다. 셋째, 다양한 교사학습공동체 운영의 경험이다. 학교 현장의 요구에 따른 다양한 교사학습공동체 운영 경험을 통해 현장 교사가 중심이 되는 수업과 학교 문화의 변화 사례를 만들어 내었으며 학교 단위의 교사학습공동체가 학교 문화 변화의 핵심이 될 수 있음을 보여 주고 있다. 넷째, 대안적 수업을 위한 특화된 교사학습공동체의 개발이다. '읽기 회복reading recovery'과 '거꾸로 교실^{flipped classroom}'은 교사 주도의 일제식 수업을 보완하는 대안으로서의 의미뿐 아니라 교사 전문성을 체계적으로 개발하고 관리하는 전형적인 PDS이기도 하다.

청주교육대학교 교육연구원의 〈교사 전문성 개발 총서〉 첫 번째 권인《수업 비평의 이론과 실제》는 수업 비평을 통한 전문적 안목의 신장과 교류를 다루고 있다.《수업 비평의 이론과 실제》에 이어 앞서 소개한 네 가지 범주에 해당하는 연구 성과들이 계속해서 묶여 나올 것이다. 〈교사 전문성 개발 총서〉는 교육 현장에서의 실행 연구를 통해 만들어진 것인 만큼 앞으로도 현장 교사의 연구와 실천에 동반자가 되기를 기대한다. 교육 분야에서의 연구와 실천이 지속적인 개선의 나선형적 발전을 거치는 것처럼 이 총서 또한 지속적인 개선과 발전을 거듭할 것이다. 그 개선과 발전의 길에 현장 교사들의 편달을 바란다.

2014년 11월

청주교육대학교 교육연구원장 엄훈

교사의 전문성을 둘러싼 담론은 크게 두 가지 측면에서 커다란 변화의 흐름 속에 있다. 하나는 수업 전문성을 넘어 교육과정 전문성에 대한 강조이다. 교육과정 재구성자로서의 교사의 역할이 강조된 지 비교적 오래이며, 더 나아가 교육과정-수업-평가의 일관성을 강조하는 방향으로 교육 정책도 바뀌었다. 이는 교실 수업과 학교 교육의 최종 의사결정자인 교사들에게 좀 더 많은 권한과 동시에 책임을 부여하며, 교사 전문성의 요체로서 교육과정 문해력을 요구한다.

다른 하나는 개별 전문성을 넘어 집합적 전문성에 대한 강조이다. 교사의 전문성은 '실행을 통해 형성되는 전문성'이다. 교사는 교육 현장에서 당면하는 실제적인 문제들을 놓고 동료 교사들과 함께 해결 방안을 탐색하면서 전문가로 성장해 나간다. 교실 수업의 전반적인 변화 역시 개별 교사의 고군분투를 넘어 교사공동체 공동의 노력을 통해 실현될 수 있다. 바로 이런 점에서 교사학습공동체 활동이 교사의 전문성 성장을 돕는 대안으로 떠오르고 있으며, 교사에게 동료 교사들과 전문적 대화를 나눌 수 있는 역량을 요구한다.

이러한 흐름 속에서 교사학습공동체 활동을 통해 교육과정 전문가로 성장하고자 하는 현장 교사들에게 도움이 되고자 교육과정 문해력 프로토콜이 개발되었다. 사회과, 국어과, 과학과 교육학 전공자인 저자들은 예비 교사와 현장 교사를 위한 강의 및 연수 경험을 통해 구축한 아이디어들을 바탕으로 협력적인 과정을 거쳐 각 단계별 프로토콜의 내용을 선정했다. 아울러 관련 연구 성과를 토대로 교육과정 문해력이란 무엇이며 왜 필요한가라는 기본적인 질문에 대한 논의 과정을 프로토콜에 반영하고자 했다. 그러나 이는 학문적 논의를 전수하는 데 목적이 있다기보다는 교사학습공동체의 구성원들이 각자 자신들이 놓인 지점을 함께 성찰하고 앞으로 나아갈 방향을 모색하는 것을 돕기 위한 것이다. 다시 말해 교육과정 문해력 프로토콜의 목적은 어떤 기법을 제시하는 것보다는 교사들이 협력적 상호작용을 통해 교육과정 문해력을 성장시켜 나갈 수 있는 구조화된 환경을 만들어 내는 것이다. 이런 측면에서 교육과정 문해력 프로토콜은 이를 활용하는 교사들에 의해서 다양한 내용으로 채워질 비어 있는 공간과도 같다고 할 수 있다.

이렇게 개발된 교육과정 문해력 프로토콜을 2018년에 청주교육대학교 교육연구원이 주관하는 교사학습공동체 리더 역량 강화 연수와 충북 지역에서 이루어진 학교 기반 연수 등에 적용했다. 교육과정 문해력 프로토콜이 교육과정을 중심에 두고 교사들 간의 깊이 있는 의사소통을 가능하게 할 뿐 아니라 비교적 효율적으로 공동의 활동 결과물을 만들어 내는 데 유용한 도구임을 확인할 수 있었다. 다만 개별 학교나 교사학습공동체의 요청에 모두 도움을 드리기 어려워 송구한 마음이었다. 이 책을 기획하게 된 배경이 여기에 있다.

이러한 점에서 이 책은 교육과정 전문가로 성장하고 싶은 현장 교사들에게 전하는 교육과정 문해력 프로토콜 안내서의 성격으로 기획되었다. 이를 위해 가능하면 독자들이 쉽게 이해하고 현장에서 실제적으로 적용할 수 있는 방식으로 책을 구성하고자 했다. 이에 따라 책은 크게 교육과정 문해력의 이론적 개념 및 논의를 소개하는 1부와 구체적인 교육과정 문해력 프로토콜을 단계별로 제시한 2부로 구성되어 있다.

1부에서는 교사의 교육과정 전문성 논의의 흐름, 교육과정 문해력과 교육과정 재구성 개념, 교육과정 문해력과 수업 설계 및 교사 성장과의 관계 등을 중심으로 교육과정 문해력 프로토콜에 담겨 있는 이론적 사고의 맥락과 배경을 제시하였다. 2부에서는 교육과정 문해력 프로토콜을 크게 입문 단계, 적용 단계, 심화 단계로 나누어 제시하였다. 프로토콜의 특성상 간결함을 유지하면서도 개발자의 도움 없이도 활용할 수 있도록 적용 사례나 결과물을 제시하여 활동의 방향성을 직관적으로 이해하는 것을 돕고자 했다.

이 책의 1부와 2부는 따로따로 활용해도 좋지만, 2부의 프로토콜을 적용하는 과정에서 더 깊이 있는 대화나 사고의 확장을 위해 필요한 경우에 1부의 내용을 발췌하여 읽기 자료로 활용할 수 있다. 또한 2부에 제시된 프로토콜은 각각 독립적 성격을 갖고 있으므로 현장에서의 필요와 활용 여건에 따라 선별하여 다양한 프로그램 모듈을 만들어 활용하기 바란다.

이 책의 출판에 많은 분들의 도움이 있었다. 독자의 눈으로 원고 전체를 미리 꼼꼼하게 읽고 검토해 주신 노미란, 박새롬, 박정미, 심소현, 천윤경 선생님과 교사학습공동체 활동 결과물을 예시 사례로 활용할 수 있도록 협조해 주신 고윤영, 김미경, 정소영, 조윤영 선생님께 감사를 표한다. 책의 기획 단계부터 출판에 이르기까지 저자들이 온전히 원고 작업에 몰두할 수 있도록 크고 작은 행정 지원을 수행해 주신 청주교육대학교 교육연구원의 이시훈 선생님, 마지막으로 이 책의 출판을 맡아 노고를 아끼지 않으신 교육공동체 벗의 편집부에 감사의 마음을 전한다.

이제 독자 여러분들과의 만남을 기다리면서, 부디 이 책이 예비 교사와 현장 교사들이 교육과정을 읽고 쓸 수 있는 힘, 교육과정 문해력을 바탕으로 교실 수업과 학교 교육을 개선하는 교육과정 전문가로 성장하는 데 도움이 되기를 기대한다. 아울러 이 책이 가지고 있는 여러 부족한 점들은 독자 여러분들의 애정 어린 조언을 바탕으로 앞으로 더 개선해 나갈 것을 약속드린다.

2021년 2월

박윤경, 김미혜, 장지은

1부

교육과정 문해력의 이해

/

Chapter 1

교육과정 문해력의
개념과 의의[1]

교육과정 문해력과
교육과정 재구성

교육과정 문해력이란?

교사의 교육과정 전문성과 교육과정 문해력

교사는 흔히 교육과정의 최종 의사결정자로 일컬어진다. 이는 곧 국가 수준 교육과정(이하 국가 교육과정)이 지향하는 바를 이해하고 이를 교실 수업에서 구현해 낼 수 있는 교사의 전문성이 중요함을 말한다. 특히 새로운 교육 이념이 도입되어 확산되고 정착되어야 할 상황에서는 교육과정의 변화를 통해 표현된 새로운 교육 혁신의 아이디어를 이해하고 구현할 수 있는 교사의 전문성이 더욱더 중요해진다.

교육과정이 지향하는 바를 읽어 내고 이를 구현할 수 있는 교사의 전문적 역량으로 강조되고 있는 것이 바로 교육과정 문해력 curriculum literacy이다. 국내 학계에서 교사의 교육과정 문해력 개념에 주목하기 시작한 것은 비교적 최근으로, "교사의 교육과정 전문성의 핵심"[2]으로 일컬어지며 개념의 특성을 탐색하고 체계화하기 위한 다양한 연구들이 이루어지고 있다.[3]

관련 개념들 : 교육과정 실행과 교육과정 재구성

교육과정 문해력 개념 이전에는 교사의 교육과정 전문성과 관련하여, 해외 학계에서는 주로 교육과정 실행curriculum implementation 개념을 중심으로 논의가 전개되었다. 국내 학계에서도 2000년대 초반부터 이와 관련된 경험 연구들이 지속적으로 축적되어 왔다.[4] 교사들의 교육과정 실행에 대한 관심은 교육 개혁을 위해 외부 전문가들이 개발한 교육과정이 학교 현장의 변화를 이끌어 내지 못하고 있다는 문제의식에서 비롯된 것이다. 이로부터 현장 교사들이 외부에서 주어진 교육과정을 어떻게 실행하는가, 또한 왜 그렇게 실행하거나 실행하지 않는가에 대한 논리나 맥락을 깊이 이해할 필요성이 높아지게 되었다.

이처럼 교육과정 실행 개념은 교육과정 정책 및 이론의 관심을 '좋은 교육과정의 개발 자체'로부터 이를 최종적으로 구현하는 '교사의 교육과정 실행 양상과 논리 이해'로 돌리게 했다는 의의가 있다. 또한 교육과정이 그 자체로 하나의 완성된 실체인지, 아니면 현실에서 구현됨으로써 비로소 실체로서 완성되는 것인지와 같이 교육과정 개념에 대한 인식론적 전환을 유도했다는 점에서 의미를 갖는다.

그런데 우리나라 교육 현장에서는 교육과정 재구성자로서의 교사의 역할을 강조하면서 교육과정 재구성curriculum adaptation 개념이 더 활발하게 사용되고 있다. 이는 단일한 국가 교육과정을 운영하는 우리나라의 현실을 반영하는 측면이 강하다. 하나의 표준화된 교육과정이 서로 다른 환경에 놓여 있는 전국의 모든 학교와 교실에 일률적으로 적용되기는 어렵다는 현실에 대응하기 위해 학교와 교사에게 일정한 수정 보완의 역할을 부여한 것이라고 볼 수 있다. 따라서 교사의 교육과정 전문성은 현실에 적합하게 교육과정을 재구성하는 능력에 달려 있게 되는 것이다.

이처럼 교육과정 재구성 개념은 외부 전문가가 제시한 교육과정을 교사가 현장 상황에 맞게 수정하고 변형할 수 있다는 메시지를 직관적으로 전달해 줄 수 있다는 점에서 의의를 갖는다.

관련 개념들의 한계

교육과정 실행 및 교육과정 재구성 개념이 갖는 의의에도 불구하고, 이 개념들을 중심으로 교사의 교육과정 전문성을 논의하기에는 다음과 같은 한계가 있다.

첫째, 교육과정 실행과 교육과정 재구성 개념은 교육과정을 실행하거나 재구성하는 "과정 또는 행위 그 자체에 초점"을 맞춘다는 점에서 그것을 행할 때 요구되는 교사의 전문적 역량을 설명하는 개념으로는 적합하지 않다는 것이다.[5]

둘째, 교육과정 실행 및 재구성 개념은 교사의 교육 행위에 대한

"중립적인 용어"로 그 행위에 대한 "교육적 가치 판단"을 담보하기 어렵다는 점이다.[6] 예를 들어, 교육과정 재구성을 '자주' 하거나, '큰 폭'으로 했다는 것이 반드시 재구성을 '잘' 했다는 "교육적 방향성"을 드러내 주지는 못한다는 것이다.[7] 실제로 교육과정 재구성이 학생들의 다양한 배경이나 학습 요구에 대한 고려와 무관하게 교사 중심으로 이루어지고 있다는 비판적 연구도 제시된 바 있다.[8] 큰 폭의 내용 축약이나 생략 등의 재구성이 해당 내용에 대한 교사의 전문성의 부족에서 비롯된 자의적인 결정일 수 있다는 것이다.

셋째, 교육과정 실행과 재구성 개념은 "교사의 교육과정 전문성의 범위"를 개발이나 평가가 아닌 실행의 영역으로 "제한"할 수 있다는 점이다.[9] 이는 교사의 교육과정 자율성과 전문성의 범위를 확대하려는 최근의 정책 흐름에도 맞지 않다.

넷째, 그동안 교육과정 재구성이 교사의 전문성으로 지속적으로 강조되어 왔음에도 불구하고, 교사들이 교육과정 재구성을 적극적으로 실천하지 않거나 재구성 관련 전문성이 높지 않은 현상을 설명하기 어렵다.[10] 교육과정 재구성에 대한 소극성은 어떤 점에서는 교사들에게 친절하지 않은 교육과정 문서 자체의 특성으로부터 비롯된 것일 수 있지만,[11] 다른 한편으로는 교육과정에 대한 교사의 해석 능력으로부터 비롯된 것일 수도 있다.

이로부터 교사의 교육과정 전문성의 실체를 효과적으로 포착해 낼 수 있는 개념이 새롭게 요구되고 있다.

교육과정 문해력의 개념화

앞서 언급한 맥락 속에서 최근 교육과정 재구성에 대한 대안적 개념들을 학문적으로 모색하는 다양한 시도들이 이루어지고 있다.[12] 교육과정 문해력은 이러한 대안적 개념들 중의 하나로, 교사의 교육 과정 전문성의 핵심을 드러내는 데 효과적인 개념으로 받아들여지 고 있다. 이론적 논의 초기에 교육과정 문해력은 교육과정 문서의 해석에 초점을 맞추어 주로 교육과정 문서를 이해하고 이를 활용하 는 능력으로 제한적으로 정의되었다.[13] 이처럼 '읽기의 차원'에서 교 육과정 문해력을 정의하는 것은 자칫 좁은 범위로 교사의 전문성을 제한할 수 있다.

이에 더 나아가 박윤경, 김미혜, 김병수(2017)는 교육과정 문해력 의 개념을 교사가 "교육과정을 읽고 쓸 수 있는 능력"으로 확장하여 정의한 바 있다.[14] 이들에 따르면, "교육과정을 읽는 능력"이 교육과 정을 "해석하고 이해"하는 역량이라면, "교육과정을 쓰는 능력"은 상 위의 교과 목표 및 성취기준에 비추어 현재의 교육과정이 갖는 문제 점까지 "수정하거나 보완"하는 역량이다.[15]

이렇게 볼 때 교사들의 교육과정 문해력은 다음에 제시된 바와 같이, 기능적인 낮은 수준에서부터 비판적인 높은 수준까지 다양하 게 나타날 수 있다.

최대한 단순하게 교육과정 문해력의 수준을 크게 낮은 수준의 교육과 정 문해력과 높은 수준의 교육과정 문해력으로 구분한다면, 낮은 수준 의 교육과정 문해력은 단순히 주어진 교육과정을 알고 이해하며 그에 맞 게 활용하는 기능적인 수준에 해당한다. 이에 비해 높은 수준의 교육과 정 문해력은 교육과정의 의도와 내용이 무엇인가를 아는 것을 넘어서서 그것을 비판적으로 보고 나름의 대안까지 제시할 수 있는 비판적 수준에 해당한다. 즉, 교사의 교육과정 문해력은 교육과정에 대한 해석을 통해 외부 개발자의 의도를 파악하는 것을 넘어, 교사 자신의 의미 구성을 통해 교육과정의 타당성을 따지고 필요한 경우 다시 쓸(constructing or developing) 수 있는 단계까지 나아갈 수 있는 능력을 말한다.[16]

이상과 같이 교육과정 문해력 개념은 "교사 전문성의 영역을 확장하고 교육의 방향성을 담보"할 수 있다는 점에서 교사의 교육과정 전문성의 "요체"로 삼기에 적합하다.[17] 또한 교육과정 문해력 개념을 상세화하여 교사들의 문해력 수준 또는 단계에 따라 차별화된 지원 방안을 모색하는 데도 유용할 수 있다.

교육과정 문해력 제고의 필요성

교육과정 재구성이 교육적 가치와 질을 담보할 수 있는 것이 되기 위해서는 교육과정 재구성이라는 행위 자체에 초점을 맞추기보다 재구성 행위에 대한 의사결정의 타당성을 뒷받침할 수 있는 교사의 교육과정 문해력에 관심을 기울여야 할 것이다. 실제로 현장에서 교육과정 재구성 우수 교사들에 대한 사례 연구에서, 두 명의 우수 사례 교사들이 교과 통합과 같은 적극적이고 전면적인 수준에서 재구성을 하고 있다는 긍정적 평가에도 불구하고, 교육과정에 대한 읽기가 엄격하게 이루어졌다고 보기 어렵다는 문제점이 지적된 바 있다.[18]

이런 점에서 교육과정 문해력은 교육과정 재구성을 교육적으로 바람직한 방향으로 안내하는 더 상위의 개념이자 그 기저를 이루는 개념으로 볼 수 있다. 국가 교육과정의 적용 및 확산 과정에서도 교사들의 교육과정 재구성 여부 자체를 강조하기보다는 전반적인 교육과정 문해력의 향상에 초점을 맞춰 관련 지원을 강화할 필요가 있다.

교육과정 재구성이란?

교육과정 재구성의 개념

교육과정 재구성이란 교육과정을 학교와 교실의 상황에 맞게 변형하거나 수정하는 것을 의미한다.[19] 이는 말 그대로 교육과정 개발과는 다른 것으로, 학교 및 교실 밖으로부터 주어진 교육과정의 존재를 전제로 한다. 즉 교육과정 재구성이라는 용어는, 외부에서 제공되는 교육과정이 개별 학교 및 교실의 다양한 맥락을 배제하고 표준화된 성격을 가지고 있기 때문에 각각 상이한 맥락에 놓여 있는 학교/교실에 교육과정을 있는 그대로 투입하기 어렵다는 문제의식을 반영하는 것이다. 이렇게 볼 때 교육과정 재구성은, "맥락배제적"인 표준화된 교육과정을 "상황맥락적"인 개별 학교와 교실에 적용하는 과정에서 필연적으로 나타나는 현상이자,[20] 문서화된 교육과정의 의도를 문자적으로가 아니라 실체적으로 구현하기 위해 당연히 요청되는 것이기도 하다. 이런 점에서 교육과정 재구성의 과정은 '미완의 교육과정'에 "실체성^{reality}"을 부여하는 과정[21]으로, "교사가 교육과정을 만들어 가는 과정"이라고 할 수 있다.[22]

교육과정 재구성의 국가 교육과정상의 근거

우리나라의 경우, 국가 및 지역 교육과정이 교육과정 재구성의 기반이자 대상이다. 학교 교육 주체들이 학교 교육과정을 개발하거나 교실 수업에 대한 의사결정을 할 때 국가 및 지역 교육과정을 학교와 교실 상황에 맞게 변형한다. 이러한 교육과정 재구성의 근거는 [표 1]과 같이 국가 교육과정 문서에도 명시되어 왔다.

교육과정 재구성이라는 표현은 2차 시기 교육과정부터 교육과정 문서에 등장한다. 이때 교육과정 재구성의 주체는 학교로, 국가 교육과정의 획일성을 탈피하여 지역 사회의 실정에 맞게 학교 교육의 목적, 방법, 평가 등을 재구성하도록 요청받고 있다. 4차 및 5차 교육과정 문서는 지역 사회의 실정은 물론 학교의 실정 및 학생의 수준을 고려하여 교육과정과 교과용 도서의 재구성이 가능하다고 명시하고 있다. 7차 교육과정은 더 나아가 교사의 필요를 재구성의 요건으로 추가하고 있으며, 구체적으로 교과 내용의 순서, 비중, 방법 등을 조정할 수 있음을 명시했다. 이는 2009 개정 시기 및 2015 개정 시기 교육과정에서도 일부 문구만 수정했을 뿐 그대로 이어지고 있다.

교육과정 재구성의 특징과 정의

국내 학자들은 교육과정 재구성의 개념을 [표 2]와 같이 다양하게 정의한다.

표에 제시된 정의들로부터 교육과정 재구성에 대해 국내 학계에서 공유되는 인식을 추출할 수 있다.

첫째, 교육과정 재구성의 주체는 교사이다. 일부 교육과정 재구성의 주체를 언급하지 않은 경우도 있지만, 대부분 교사가 교육과정

[표 1] 국가 교육과정 문서에 나타난 교육과정 재구성의 근거

구분	개념 정의
2차 시기 교육과정 (문교부령 제119호, 1963. 2. 15.)	각 학교의 교육 목적, 교육 방법, 교육 평가 등이 이러한 지역성을 등한시하고 획일적으로 다루어져 왔기 때문에, 지역 사회의 교육적 필요를 충족시켜 주지 못하고 있었던 것이다. 이러한 결함을 시정하여 사회에서 요구되는 산 인재를 기르기 위해서는 각 지역 사회의 학교는 국가적 기준에 의거하여 각 지역 사회의 실정에 맞는 교육과정을 재구성하여야 한다.
4차 시기 교육과정 (문교부 고시 제442호, 1981. 12. 31.)	교육과정과 교과용 도서는 지역 사회 및 학교의 실정과 학생의 수준에 알맞게 재구성하여 활용할 수 있으며, 필요에 따라서는 학교장 재량으로 별도 단원을 선정하여 운영할 수 있으나, 교육 목표와 학생 수준에 알맞아야 한다.
5차 시기 교육과정 (문교부 고시 제87-9호, 1987. 6. 30.)	교육과정과 교과용 도서는 지역 사회 및 학교의 실정과 학생의 수준에 알맞게 재구성하여 활용할 수 있다.
7차 시기 교육과정 (교육부 고시 제1997-15호, 1997. 12. 30.)	교과와 특별 활동의 내용 배열은 반드시 학습의 순서를 의미하는 것이 아닌 예시적인 성격을 지니고 있으므로, 필요한 경우에 지역의 특수성, 계절 및 학교의 실정과 학생의 요구, 교사의 필요에 따라 각 교과목의 학년별 목표에 대한 지도 내용의 순서와 비중, 방법 등을 조정하여 운영할 수 있다.
2009 개정 시기 교육과정 (교육과학기술부 고시 제2009-41호, 2009. 12. 23.)	교과와 창의적 체험활동의 내용 배열은 반드시 학습의 순서를 의미하는 것이 아닌 예시적인 성격을 지니고 있으므로, 필요한 경우에 지역의 특수성, 계절 및 학교의 실정과 학생의 요구, 교사의 필요에 따라 각 교과목의 학년별 목표에 대한 지도 내용의 순서와 비중, 방법 등을 조정하여 운영할 수 있다.
2015 개정 시기 교육과정 (교육부 고시 제2015-74호, 2015. 9. 23.)	교과와 창의적 체험활동의 내용 배열은 반드시 학습의 순서를 의미하는 것은 아니므로, 지역의 특수성, 계절 및 학교의 실정과 학생의 요구, 교사의 필요에 따라 각 교과목의 학년군별 목표 달성을 위한 지도 내용의 순서와 비중, 방법 등을 조정하여 운영할 수 있다.

[표 2] 교육과정 재구성에 대한 다양한 학술적 정의

구분	개념 정의
권주석, 장대준 (2008)	다양한 교육적 요구와 개별적인 능력 차에 따른 아동의 특성에 따라 교육과정 내용과 교수-방법을 바꾸는 것
길현주, 박가나 (2015)	이미 만들어진 표준화된 교육과정에 대하여 교사가 변경, 수정하는 활동
김진필, 박종률, 박대원 (2012)	교사가 국가 수준의 교육과정을 기반으로, 학생의 학습을 효율적으로 가르치고, 지원하며, 상호작용하기 위해 상황과 맥락을 고려하여 교육과정을 구상, 계획, 변형, 적용, 운영한 결과를 아우르는 총체적인 실천
김평국 (2005)	교사들이 수업을 운영할 때, 학생의 발달 단계와 성취 능력을 고려하여 교육과정 및 교과용 도서에 제시된 학습 목표와 학습 내용에 변형을 가하는지, 학생들의 흥미와 능력에 맞는 교수·학습 방법과 평가 방법을 활용하기 위해 교육과정 문서에 제시된 것들을 재량껏 구조화하는지, 혹은 단원별로 수준, 지도 순서, 시간, 방법, 자료 등의 측면에서 재구조화하는지에 관련되는 것으로 조작적으로 정의
박세원 (2013)	법적 문서로 제시된 국가 교육과정의 요구를 학생의 발달, 실태, 능력에 최적화해서 교육하기 위해 교사가 국가 교육과정을 재구성하여 활용한다는 의미
박윤경, 정종성, 김병수 (2016)	학생들의 성장과 발달이라는 교육과정의 목표를 달성하기 위해 교사가 국가 교육과정과 교과용 도서의 학습 목표, 내용, 교수·학습 방법 및 평가 방법을 학생 특성과 교육 환경 및 상황에 맞게 수정, 보완하고 변형하는 교육 행위
박일수 (2013)	국가 교육과정의 목표를 효과적으로 달성하기 위하여 단위학교의 교사가 교육과정 및 교과서의 교육 내용과 교육 활동을 교실 상황에 적절하게 변형하는 계획과 행위
서경혜 (2009)	교사들이 국가 교육과정을 학생들과 교육 상황에 적절하게 다시 구성하는 것

재구성에 관한 의사결정의 주체임을 명확히 하고 있다.

둘째, 교육과정 재구성의 대상은 국가 교육과정이다. 교육과정의 위계를 국가 수준, 지역 수준, 학교 수준 및 교실 수준(또는 교사 수준)으로 구분할 때, 교육과정 재구성의 대상은 주로 국가 교육과정을 지칭한다. 이는 "이미 만들어진 표준화된 교육과정"으로 표현되기도 한다. 교실 수업과 관련하여, 국가 교육과정을 구현하기 위한 교육 자료인 교과서를 교육과정과 동일시하여 교육과정 재구성 대상으로 언급하기도 한다. 하지만 교과서가 국가 교육과정 성취기준에 관한 교과서 집필자들의 해석의 산물이라는 점에 비춰 볼 때, 교육과정 재구성은 교과서 집필의 근거인 국가 교육과정의 성취기준에 대한 것임을 분명히 할 필요가 있다.

셋째, 교육과정 재구성의 목표는 국가 교육과정의 목표 및 성취기준의 실현으로 학생의 성장과 발달을 지향한다. 이는 '교육과정 재구성을 왜 해야 하는가?', 또는 '교육과정 재구성이 지향하는 것은 무엇인가?'라는 질문과 관련된 것이다. 교육과정 재구성은 행위 자체로서 의미를 갖는다기보다는 재구성의 결과가 국가 교육과정이 목표로 하는 학생의 성장과 성취로 이어지는가에 따라 의미 있는 활동인지 여부에 대한 판단이 달라질 수 있다.

넷째, 교육과정 재구성이 이루어지는 조건은 학생의 다양한 요구와 능력 차이, 학교 및 교실의 다양한 상황과 맥락의 차이이다. 즉 국가 교육과정의 적합성이 떨어지는 지점에서 교육과정 재구성이 일어난다고 볼 수 있다. 결국 교육과정 재구성은 표준화된 교육과정이 갖는 태생적 한계를 넘어서고자 하는 시도이다.

다섯째, 교육과정 재구성 영역은 국가 교육과정의 목표, 내용, 교수·학습 방법(자료 포함) 및 평가를 포괄한다. 교육과정 재구성의 범위는 좁게는 교육과정의 내용과 교수·학습 방법에 한정하기도 하지만, 더 넓게 교육과정의 목표, 내용, 교수·학습 및 평가 방법을 포괄하는 것으로 본다. 이때 재구성의 대상이 되는 교육과정의 목표는 최상위의 '추구하는 인간상', '학교급별 목표', 또는 '교과 목표'라기보다는 이보다 낮은 단계의 단위 성취기준상의 목표, 또는 이를 구체화한 단원 목표, 수업 목표 등일 수 있다. 이렇게 목표, 내용, 교수·학습 방법 및 평가 방법을 재구성의 대상으로 포괄하는 것은 교사의 교육과정 전문성에 대한 우리 학계의 높은 기대를 반영하는 것이기도 하다.

여섯째, 교육과정 재구성이 갖는 속성은 재조직화, 재구조화, 수정, 보완, 변형, 통합 등이다. 이는 모두 이미 주어진 국가 교육과정이 있다는 전제를 반영한 것이다. 일견 교육과정 재구성의 속성에 대한 표현들은 교사의 교육과정 재구성이 이루어질 수 있는 수준에 대한 한계를 설정한 것으로 보일 수 있다. 그러나 주어진 교육과정의 변형과 통합의 수준에 대해서는 다양한 논의가 있다. 따라서 교육과정 재구성의 속성을 교사의 교육과정 전문성을 제한하는 것으로 보기보다는 공교육으로서의 학교 교육이 국가 교육과정의 영향하에 이루어진다는 우리 현실을 반영한 것이라고 해석하는 것이 적합할 것이다.

이상의 논의에 비추어, 이 책에서는 교육과정 재구성의 개념을 교사들이 학교 교육의 목표 실현과 학생들의 성장을 돕기 위해 국가 교육과정 및 교과서의 목표, 내용, 교수·학습 및 평가 방법을 교육 현장의 다양한 상황과 맥락에 적합하게 수정, 보완, 변형하는 활동이라고 정의하고자 한다.

단위학교 내 교육과정 재구성의 두 차원

단위학교에서 이루어지는 교육과정 재구성은 크게 두 차원으로 나누어 이해할 수 있다.

첫째, 학교 교육과정 개발 단계에서, 국가 교육과정 및 지역 교육과정을 학교 상황에 맞게 재구성하는 것이다. 이 단계에서는 학교 상황에 맞는 과목 편제, 시수 및 수업 일정 등에 대한 의사결정이 주를 이룬다.

둘째, 교실 수업 단계에서, 국가 교육과정 성취기준을 교실 맥락에 맞게 재구성하는 것이다. 이 단계에서 우리가 흔히 생각하는 교육과정 재구성, 즉 수업의 목표, 내용, 방법 및 평가에 대한 의사결정이 이루어진다. 이는 주로 개별 교사에 의해 이루어지지만, 교과 및 학년 단위, 또는 범교과 단위로 이루어질 수도 있다. 재구성이 이루어지는 범위는 다양할지라도, 이에 대한 의사결정은 기본적으로 교실 수업의 근거인 국가 교육과정 성취기준에 대한 해석을 기반으로 한다.

이 책에서는 때에 따라서 전자와 후자를 포괄하여 지칭하기도 하지만, 주로 후자에 초점을 맞추어 국가 교육과정의 성취기준에 대한 이해를 강조하는 교육과정 문해력 프로토콜protocol을 제시하고자 한다.

교육과정 재구성의 수준과 범위

교육과정 재구성의 수준

교육과정 재구성 수준이란?

교육과정 재구성의 수준은 교육과정 재구성이 이루어지는 깊이와 정도를 의미한다. 이는 교육과정 재구성이 얼마나 자주 이루어지느냐 하는 빈도나 횟수와는 다른 차원으로, 한 차시 수업에 대한 일회적인 교육과정 재구성일지라도 기존의 교육과정이 얼마나 큰 폭으로 재구성되었느냐와 관련이 있다. 교육과정 재구성의 수준에 대한 논의는 교육과정 재구성 여부나 빈도보다는 재구성의 심도와 깊이에 주목하도록 한다는 점에서 의미가 있다. 교육과정 재구성 수준은 한편으로는 교사가 인식하는 재구성의 필요성 정도와 관련이 있으며, 다른 한편으로는 교사의 교육과정 문해력의 수준과 깊이 연관될 수 있다.

교육과정 재구성의 적합한 수준을 둘러싼 논란

교육과정 재구성의 적합한 수준을 둘러싸고 학자들 사이에 "견해의 차이"가 있는 것이 사실이다.[23] 교사들이 교육과정 재구성을 통해 "교육과정의 표준성을 훼손해서는 안 된다"는 입장이 있는가 하면, "교육과정 개발자의 수준으로 교육과정을 재구성할 수 있어야 한다"는 요구도 있다.[24] 이런 상반된 요구가 상존하는 상황에서 좀 더 발전적인 논의를 전개하기 위해서는 현장 교사들이 교육과정을 재구성할 때 선택 가능한, 또는 실제로 취하고 있는 다양한 대응 양상을 살펴볼 필요가 있다.

세 가지 교육과정 실행 모델과 교육과정 재구성 양상

이와 관련하여 교사들이 외부에서 제공된 표준화된 교육과정을 현장에서 어떻게 적용하는지를 평가하기 위한 교육과정 실행 모델로부터 시사점을 얻을 수 있다.

Snyder, Bolin & Zumwalt(1992)는 교사의 교육과정 실행 모델을 크게 충실도 관점fidelity, 상호적응 관점mutual adaptation, 생성 관점enactment의 세 가시로 구분했다. "교육과정 재구성이 교육과정 실행 과정에서 나타나는 교육 행위"[25]라는 점에서 각 모델을 교육과정 재

구성 양상과 연관지어 생각해 볼 수 있다.[26]

첫 번째, 충실도 관점은 교사가 교육과정을 실행하는 방식이 국가 교육과정에서 계획하고 의도한 바에 얼마나 일치하는지에 관심을 갖는다. 충실도 관점에서 교육과정을 재구성하는 교사는, 국가 교육과정의 의도를 파악하고 그 의도가 학교 현장에서 있는 그대로 구현될 수 있도록 교육과정을 재구성하려고 할 것이다. 따라서 교사가 교육과정을 재구성할 때 가장 중요한 판단 준거는 국가 교육과정이 된다.

두 번째, 상호적응 관점은 교사가 교육과정을 실행하는 과정에서 교육과정이 어떻게 적용되는지에 주목한다. 상호적응 관점에서 교육과정을 재구성하는 교사는, 국가 교육과정을 현장 상황에 적합하게 변형하는 데 초점을 둘 것이다. 따라서 학교 현장의 다양한 맥락적 상황이 교육과정 재구성 과정에서 반영된다.

마지막으로 생성 관점은 교사와 학생에 의해 교육과정이 구성되어 가는 과정에 관심을 기울인다.[27] 생성 관점에서 교육과정을 재구성하는 교사는 학교 및 학생의 요구를 교육과정 재구성의 출발점으로 삼을 것이다. 따라서 생성 관점에서는 교육과정 재구성이 교육과정 개발과 재구성 사이를 넘나들 수 있다.

이와 관련하여 박윤경, 정종성, 김병수(2015)는 충실도 관점이 교사에게 "제한된 방식과 범위 내에서의 적극성"을 요구하는 것과 달리, 상호적응 및 생성의 관점은 "확대된 범위와 다양한 방식의 적극성"을 요청한다고 보았다.[28] 우리나라의 경우 최근 교사의 교육과정 자율성을 강조하는 정책적, 학문적 흐름과 함께 교육과정 실행 모델이 점차 상호적응 또는 생성 관점으로 이동하고 있는 추세이다. 이

에 따라 교사들에게 더 능동적이고 창의적으로 교육과정을 재구성
하도록 요구하고 있다.[29]

교사들의 교육과정 실행과 재구성 양상

그렇다면 교사들은 실제로 어떤 방식으로 교육과정을 실행, 또는
재구성하고 있을까? 이와 관련하여, 비교적 최근에 초등학교 교사들
의 교육과정 인식 및 재구성 실태에 대해 조사한 박윤경, 정종성, 김
병수(2015)의 연구를 참고할 수 있다. 이 연구에서는 전국 9개 지역,
19개 초등학교의 교사 297명을 대상으로 설문 조사를 수행했다. 먼
저, 교사들이 적합하다고 생각하는 교육과정 실행 방식에 대해 물
은 결과, 응답자의 63.6%(192명)가 교육과정을 "학교 현장의 상황에
맞게 변형하여 실행해야 한다"고 답하였으며, 33.2%(95명)는 "교사
와 학생이 상호작용하여 함께 만들어 가야 한다"고 답했다. 이에 비
해, "교육과정 개발자가 의도한 대로 충실하게 실행해야 한다"고 응
답한 교사는 1.4%(4명)에 불과했다.[30] 즉 대다수 교사들이 상호적응
관점 또는 생성 관점에서 교육과정 실행을 바라보고 있으며, 충실도
관점을 따르는 교사는 많지 않은 것으로 나타났다.

다음으로 교육과정 재구성의 수준을 크게 '교육과정을 그대로 따
르기', '부분적으로 재구성하기', '창의적으로 재구성하기', '교사가 자
율적으로 만들기'로 나눈 후, 교육과정의 네 가지 영역(교육 목표, 교
육 내용, 교육 방법, 평가 방법)별로 적합한 재구성 수준에 대해 물었다.
조사 결과, 교육 목표 영역의 경우에는 교사들이 '그대로 따르기'와
'부분적으로 재구성하기' 사이에서 응답한 반면, 교육 내용, 교육 방
법, 평가 방법 영역에 대해서는 '부분적으로 재구성하기'와 '창의적

으로 재구성하기' 사이에서 응답했다. 그중 교육 내용은 '부분적으로 재구성' 수준에 가깝고, 교육 방법과 평가 방법은 '창의적 재구성' 수준에 조금 더 가깝지만 전반적으로 '창의적 재구성'에는 미치지 못하는 수준으로 나타났다.[31] 이에 비추어 학교 현장에서 교육과정 재구성이 교육과정의 목표, 내용, 교수·학습 방법, 평가 방법 영역별로 상이하게 나타날 수 있음을 알 수 있다. 또한 교육과정 재구성에 대한 교사들의 적극적 관점에 비해 상대적으로 소극적인 수준에서 재구성이 이루어지고 있을 것으로 짐작할 수 있다.

권주석, 장대준(2008)은 교사의 교육과정 재구성에 대한 인식 수준을 크게 '수동·모방 수준', '중간·변형 수준', '능동·창의 수준'으로 구분하였다. 첫째, 수동·모방 수준은 교사가 교육과정 자체를 전달하거나 수정된 교육과정을 단순 모방하는 수준이다. 둘째, 중간·변형 수준은 교사가 교육과정에 대한 부분적 재구성 시도가 필요함을 인식하고는 있지만, 재구성 방법에 대한 확신은 부족한 수준이다. 셋째, 능동·창의 수준은 교사가 교육과정 재구성을 위한 자율성과 창의적 재구성의 필요성을 인식하는 수준이다.

김진필, 박종률, 박대원(2012)은 교육과정 재구성에서 교사의 역할을 크게 '수동적·피동적 전달자'와 '창의적·능동적 실천가'로 구분했다. 전자는 "국가 교육과정을 있는 그대로 가르치는" 단순 전달자의 역할을 의미하며, 후자는 "국가 교육과정을 해석하고 번역하여 교사 자신의 교육과정으로 재구성"하는 역할을 의미한다. 이들은 교육과정 재구성에서 교사들에게 요구되는 것은 전자가 아니라 후자의 역할이라고 보았다.[32]

이상의 연구에서 교사들의 교육과정 재구성 수준을 구분한 내용

[표 3] 교육과정 재구성 수준

구분	재구성 수준
권주석, 장대준(2008)	수동·모방 수준 ─ 중간·변형 수준 ─ 능동·창의 수준
김진필, 박종률, 박대원 (2012)	수동적·피동적 전달자 ─ 창의적·능동적 실천가
김평국(2004)	재구성하지 않음 ─ 소극적으로 재구성 ─ 적극적으로 재구성
박순경 외(2003)	재구성하지 않음 ─ 최소한으로 재구성 ─ 최대한으로 재구성
박윤경, 정종성, 김병수 (2015)	교육과정 그대로 따르기 ─ 부분적으로 재구성하기 ─ 창의적으로 재구성하기 ─ 교사가 자율적으로 만들기
Snyder, Bolin & Zumwalt(1992)	충실도 관점 ─ 상호적응 관점 ─ 생성 관점

을 정리하면, [표 3]과 같다. 향후 교사학습공동체에서 지향할 교육
과정 재구성 수준에 대한 논의를 할 때, 이와 같은 학계의 다양한
논의들을 참고할 수 있다.

교사에게 요구되는 교육과정 재구성의 방향은?

앞서 언급한 바와 같이, 교육과정 재구성과 관련된 최근의 이론
및 정책의 흐름은 교사들에게 국가 교육과정을 좀 더 적극적이고 능
동적으로 재구성할 것을 기대하고 있다. 따라서 주어진 교육과정을
학교 및 교실 현장에 적합하게 창의적으로 재해석해 내는 것이 현장
교사에게 요구된다. 이와 관련하여, 단순히 교육과정을 얼마나 큰 폭
으로 재구성했는지보다는 교육과정 재구성이 어떤 교육적 필요와
관점에 의해서 이떤 내용으로 이루어졌으며, 재구성의 내용과 결과
가 교육적으로 의도했던 바에 비추어 타당한가가 더 중요하다는 점

에 유의할 필요가 있다.

 교육과정 재구성의 타당성을 판단하는 근거가 되는 것은 일차적으로는 국가 교육과정에 명시된 학교 교육 및 교과 교육의 목표 또는 성취기준일 것이다. 따라서 교사들에게는 국가 교육과정의 관점에서 지역/학교 교육과정 및 교실 수업의 타당성을 점검할 수 있는 전문성과 함께, 학교 및 교실의 맥락에서 상위의 교육과정을 비판적으로 해석할 수 있는 전문성 또한 요청된다. 따라서 교육과정 재구성을 위한 능동적이고 창의적인 재해석은, 국가 교육과정을 무시하거나 간과하는 방식이 아니라 국가 교육과정에 제시된 교육 목표와 성취기준 및 학교 교육과정과 교실 수업 맥락 등과의 연관성에 대해 고민하는 방향으로 이루어지는 것이 바람직할 것이다.

교육과정 재구성의 범위

교육과정 재구성 범위란?

 교육과정 재구성의 범위는 교육과정 재구성이 이루어지거나 적용되는 폭을 의미한다. 교육과정 재구성은 단일 교과의 한 차시 범위 내에서 이루어질 수도 있지만 여러 교과를 포괄하는 범위에서 이루어질 수도 있다. 교육과정 재구성 범위에 대한 논의는 규범적 차원이나 현상적 차원에서 모두 중요한 의미를 갖는다. 규범적 차원에서는 교사들이 실행할 수 있는 재구성의 가능태를 확인한다는 점에서 의미가 있다. 현상적 차원에서는 학교 현장에서 이루어지는 재구성의 다양한 실태를 파악하는 데 활용할 분석 준거를 마련한다는 점에서 중요하다.

교사들의 교육과정 재구성 실태에서 드러나는 재구성 범위는?

교육과정 재구성 범위에 대한 논의를 위해, 먼저 교사들의 교육과정 재구성 실태에 관한 연구 결과들을 참조할 수 있다.

박대권(2006)의 연구에서는 초등학교 교사들이 체육 수업을 할 때, 계절, 시설 및 환경을 고려하여 교과서의 일부 단원이나 내용을 선택하거나 재편성하는 방식으로 교육과정을 재구성하는 것으로 나타났다. 즉 단일 교과의 단원 범위 내에서 재구성이 이루어졌다.

김주환(2014)의 연구에서 중·고등학교 국어과 교사들을 대상으로 한 설문 조사 결과에 따르면, 교사들의 교과서 재구성이 1) 단원 내 교육 내용의 재구성, 2) 단원 내 학습 활동의 재구성, 3) 단원 내 제재의 재구성, 4) 단원 간 성취기준의 재구성 순으로 이루어지고 있는 것으로 나타났다. 즉 단일 교과의 단원 내, 또는 단원 간에 재구성이 주로 이루어지고 있었다.

김평국(2004; 2005)의 연구들에서는 초등학교 및 중등학교에서 나타나는 교육과정 재구성의 사례 유형을 크게 '내용 전개 순서 변경, 내용 생략, 내용 추가, 내용 축약, 내용 대체, 타 교과와 통합'의 여섯 가지로 구분했다. [표 4]에서 알 수 있듯이, 첫째, '내용 생략, 내용 추가, 내용 축약, 내용 대체'의 경우 교육과정 재구성이 단일 교과의 한 단원 범위 내에서 이루어진다. 둘째, '내용 전개 순서 변경'의 경우에는 교육과정 재구성이 단일 교과의 한 단원 내, 또는 서로 다른 단원 간에 이루어질 수 있다. 셋째, '타 교과와 통합'의 경우에는 교육과정 재구성이 서로 다른 교과 사이에서 이루어진다.

[표 4] 교육과정 재구성 사례 유형[33]

구분	재구성 양상	비고
내용 전개 순서 변경	계절이나 절기 등을 고려하여 단원 순서를 바꾸거나 한 단원 내에서 내용 전개 순서를 바꾸어 재구성	초등
	교과 내용의 특성, 단원의 연계성, 수업 시수의 부족 등을 고려하여 단원의 순서를 바꾸어 재구성	중등
내용 생략	학생 수준, 시간 부족, 교과 전문 지식이나 기능 부족을 이유로 단원이나 단원 내의 일부 내용을 생략	초등
	학습 목표, 학생 수준 고려, 또는 교과 전문 지식 부족, 시설 미비로 단원이나 단원 일부 내용 또는 종목을 생략	중등
내용 추가	단원 내용의 특성에 따라 자료나 내용 추가	초등
	단원 내용 특성, 학생 수준, 지역 및 학교 특성 등을 고려하여 내용 추가	중등
내용 축약	아동 수준 고려하여 내용 축약, 단순화	초등
	교과 전문 지식 부족, 시수 부족하여 단원 내용 축약	중등
내용 대체	학생 수준, 흥미, 실생활 연계성 등을 고려하여 단원 내용의 일부를 교과서 이외의 내용으로 대체	초등
	학생 수준, 흥미, 실생활 연계성 등을 고려할 때 단원 내용 일부가 부적절하다고 판단하여 교과서 이외 내용으로 대체	중등
타 교과와 통합	단원 내용의 특성을 고려하여 다른 교과의 학습 내용과 통합하여 지도	초등 중등

좀 더 구체적으로, 교육과정 재구성 실태에 대한 박윤경, 정종성, 김병수(2015)의 연구에 따르면, 교사들은 한 차시 수업의 범위 내에서 가장 많이 교육과정을 재구성하는 것으로 나타났다. 교사들에게 교육과정을 재구성하는 범위를 2순위까지 표시하게 한 결과, 교사

들이 1순위로 가장 많이 선택한 것은 '한 차시 수업의 범위'(53.4%)였고, '한 단원 범위'(27.6%)가 두 번째였다. 그다음 '한 학기 교과서 범위'(9.9%), '여러 교과 통합 범위'(6.7%), '동일 교과 범위'(2.5%)의 순으로 나타났다. 그런데 2순위 선택 결과는, '한 단원 범위'(41.4%)에 이어, '여러 교과 통합 범위'(25.0%)가 두 번째로 높게 나타났다. 다음은 '한 차시 수업의 범위'(15.3%), '동일 교과 범위'(11.9%), '한 학기 교과서 범위'(6.3%)로 나타났다.

이러한 조사 결과에 대해, 연구자들은 학교 현장에서는 '한 차시 수업 범위' 내에서 교육과정 재구성이 가장 많이 이루어지고 그다음이 '한 단원 범위' 내이며, 1순위로 한 단원이나 한 학기 범위의 재구성을 선택한 교사들이 2순위에서는 교과 통합과 같이 더 넓은 범위의 재구성을 선택한다고 해석했다.[34]

단위학교 내 교육과정 재구성의 범위와 양상

이상의 연구들에 비추어 볼 때, 학교 현장에서 이루어지는 교육과정 재구성의 범위는 크게 1) 단일 교과의 차시 내, 2) 단일 교과의 단원 내, 3) 단일 교과의 단원 간, 그리고 4) 서로 다른 교과 간으로 구분할 수 있다.

그런데 이러한 범위 설정은 학교에서 이루어지는 교육과정 재구성을 주로 교과 교육 현상에 한정하여 파악하는 것으로, 교과 수업을 넘어서서 더 큰 범위에서 이루어지는 교육과정 재구성 양상을 제대로 포착하기 어렵다는 한계가 있다. 예를 들어, 시민 참여에 관한 사회과 교육과정의 성취기준을 학교 내에서 이루어지는 학생 자치 활동과 결합하여 재구성할 수 있으며, 배려와 공동체 의식에 관한 도덕과 교육과정의 성취기준을 학급 운영 및 생활 지도와 연계하여 재구성할 수도 있다. 실제로 최근 학교 현장에서 학급 또는 학년 단위에서 이루어지는 교육과정 재구성은 교과 간에는 물론, 교과와 비교과를 연계하여 교육과정 재구성을 시도하고 있음을 확인할 수 있다.[35]

이렇게 볼 때 교과 교육과정 외에 비교과 교육과정까지 포함하여 교육과정 재구성의 범위를 파악하는 것이 학교 내에서 이루어지는 다양한 교육과정 재구성 양상을 포착하는 데 유용하다. 따라서 초·중등학교에서 이루어지는 교육과정 재구성의 범위를 크게 교과 교육과정 차원과 교과와 비교과 교육과정 연계 차원으로 구분하여 포괄적으로 접근할 필요가 있다.

먼저, '교과 교육과정 차원'에서는 크게 '단일 교과'와 '교과 통합 및 융합'으로 재구성 범위를 구분할 수 있다. 단일 교과 범위에서는 다시 '차시 내', '단원 내', '단원 간'으로 범위를 구분할 수 있다. 이와 달리, '교과 통합 및 융합'은 교과 간에 재구성이 이루어진다.

다음으로 '비교과 교육과정 연계 차원'에서는 다시 '학급 내'와 '학교 내'로 재구성 범위를 구분할 수 있다. 각 범주별로 구체적인 재구성 양상은 [표 5]와 같다.

이상의 교육과정 재구성의 수준과 범위는 학교급별로 다르게 나타날 수 있다. 예를 들어, 학급 단위로 교육과정 재구성이 이루어지는 초등학교의 경우, 교과 중심으로 재구성이 이루어지는 중학교와 고등학교에 비해 교과 통합적 재구성이 이루어지기 쉬울 수 있다. 한편, 교육과정 재구성의 범위가 교과 간에 이루어질 때 교사에게는 더 심화된 교육과정 문해력이 요청될 수 있다.

[표 5] 학교 교육과정 재구성의 범위와 양상[36]

구분	교육과정 재구성의 범위		교육과정 재구성의 양상
교과 교육과정 차원	단일 교과	차시 내	단일 교과의 한 차시 수업의 범위 내에서 교육 과정을 재구성함.
		단원 내	단일 교과의 같은 단원 범위 내에서 다른 차시 와 연계하여 교육과정을 재구성함. 즉 차시 간 재구성.
		단원 간	단일 교과의 서로 다른 단원을 연계하여 교육 과정을 재구성. 동학년 또는 다른 학년 단원 간 에도 가능하며, 차시 또는 단원 범위에서 적용 가능함.
	교과 통합·융합	교과 간	서로 다른 둘 이상의 교과를 연계하여 교육과 정을 재구성. 동학년 또는 다른 학년 교과 연계 도 가능하며, 차시, 단원, 학기 범위에서 적용 가능함.
비교과 교육과정 연계 차원	학급 내 (학급 운영과 연계)		담임교사가 생활 지도 등 학급 운영과 연계하 여 교과 교육과정을 재구성함.
	학교 내(학교 비교과 교육과정과 연계)		창의적 체험활동, 학교 행사 등의 비교과 교육 과정과 연계하여 교과 교육과정을 재구성함.

국가 교육과정과
교육과정 문해력

교육과정의 의미와 교육과정 문해력

교육과정의 의미

교사에게 요구되는 교육과정 전문성을 이해하기 위해서는 교육과정이 의미하는 바를 먼저 살펴볼 필요가 있다. 교육과정^{curriculum}이라는 용어는 라틴어 '쿠레레^{currere}'에서 비롯한 것으로 좁은 의미에서는 일정한 프로그램 안에서 학습해야 할 내용 항목들을 가리킨다. 그러나 교육과정에 대한 학문적 탐구가 본격적으로 진행되면서, 교육과정은 학생들이 학습해야 할 일련의 내용 항목은 물론이고

수업과 평가에 이르는 교육의 과정 전반을 가리키는 것으로 확장되어 왔다.[37]

좁은 의미에서 보면, 교사의 교육과정 전문성의 핵심은 학생들이 언제 무엇을 학습해야 하는지를 알고 있는가에 있다. 국가 교육과정 체제하에서 이는 국가가 고시한 표준 교육과정에 대한 이해와 밀접하게 관련되어 있다. 국가 교육과정은 교육의 일반 목적, 교과 편제, 과목별 이수 시간은 물론 각 교과의 성격 및 목표, 내용 체계, 성취기준, 교수·학습 방법과 평가에 관한 사항을 세밀하게 제시하고 있다. 지역 교육과정이나 학교 교육과정은 국가 교육과정에 근거를 두고 지역이나 학교의 특수성을 반영해 교육과정 운영에 대한 구체적인 지침을 마련하게 된다. 그래서 교사는 근본적으로 〈헌법〉과 〈교육법〉, 〈교육법 시행령〉에 따라 고시된 교육과정 문서가 규정하고 있는 교육의 전체적인 계획을 벗어날 수 없다. 이러한 맥락에서 교육과정 이해도는 교사가 국가 교육과정을 아는 정도와 동일시되고, 교육과정 재구성은 국가 교육과정에 대한 해석을 전제로 이루어져야 하는 것으로 여겨진다.[38]

교육과정 개념의 다양성과 교사의 교육과정 전문성

넓은 의미에서 보면, 교육과정은 계획만이 아니라 실천과 그에 따른 결과까지를 포함한다. 김호권(1980)에 따르면, 교육과정은 의도된 교육과정, 전개된 교육과정, 실현된 교육과정으로 구분할 수 있다. 국가 교육과정이나 이를 토대로 시·도 교육청에서 제시하는 지역 교육과성은 의도된 교육과정에 해당하며, 학교 교육과정도 마찬가지이다. 이는 실제 교실 수업이 이루어지기 이전에 마련된 계획된 교육과정의 성격을 갖는다. 그런데 교실에서 실제로 이루어지는 교육 활동은 의도된 교육과정과는 다를 수 있다. 교사는 공식적으로 약속된 목표로서의 교육과정을 재해석해서 수업을 통해 구체적으로 실행한다. 이렇게 실제 수업으로 구현된 교육과정을 전개된 교육과정 또는 실행한 교육과정이라고 한다. 마지막으로 수업 이전 단계의 의도된 교육과정, 수업 단계의 전개된 교육과정과 구분하여, 구체적 교수·학습 활동의 결과로 학생들이 실제로 갖게 되는 경험 및 성취를 실현된 교육과정이라고 한다. 교실에는 다양한 수준과 흥미를 가진 학생들이 존재한다. 전개된 교육과정은 학생들의 다양성만큼이나 다양한 결과를 낳게 된다. 이렇게 교육과정 개념을 교수·학습 활동 이전의 계획 차원, 수업 실행 차원, 수업 실행 결과 차원으로 구분하는 것은 교사학습공동체에서 교육과정에 대해 소통할 때 각자가 주목하는 바가 무엇인지를 파악할 수 있다는 점에서 의사소통의 혼돈을 줄여 줄 수 있다. 또한 교육과정 재구성의 문제 양상을 단계별로 점검해 볼 수 있도록 돕는다는 점에서도 유용하다.

　이와 유사하게 Goodlad(1966)도 교육과정의 결정 주체를 기준으로 교육과정을 크게 수업 수준의 교육과정, 학교 수준의 교육과정 및 사회적 수준의 교육과정으로 분류한 바 있다. Goodlad는 수업 수준의 교육과정은 교사가, 학교 수준의 교육과정은 학교 관리자나 교직원 전체가, 사회적 수준의 교육과정은 지역이나 국가 수준의 교육 전문가나 입법자들이 결정하는 것으로 구분했다. 그러나 각 수준의 교육과정을 결정하는 주체가 다르다 하더라도, 교육과정이 계획을 담은 문서에 그치지 않고 수업을 통해 실행되기 위해서는 그것을 이해하고 재해석해서 수업에 반영하는 교사의 역할이 필요하다.

현재 우리 교육과정 체제에서는 국가 수준의 교육과정이 어느 정도의 자율성을 지닌 지역, 학교 및 교실 수준의 교육과정 결정자에 의해 새롭게 해석되고 재구성된다. 그런 의미에서 다양한 수준의 교육과정이 학습자와 만나는 최종 지점에서 교사의 교육과정 전문성은 교육과정의 성공적 시행 여부를 결정한다고 보아도 틀리지 않을 것이다. 교실 수업을 통해 실행되는 교육과정에는 학교나 지역, 국가 수준의 교육과정에 대한 교사의 이해와 재해석의 결과가 반영되어 있다. 교사의 교육과정 전문성은 이와 같은 교육과정 실행의 과정 전체에 걸쳐 요구되는, 교사가 갖추어야 하는 지식과 경험, 능력이라고 할 수 있을 것이다.

교육과정 재구성의 질적 차이를 만드는 교육과정 문해력

우리 교육은 교육과정 운영에 있어 학교나 교사의 자율성을 확장해 나가는 정책적 변화의 흐름 속에 있다. 그리고 교사의 교육과정 전문성의 핵심에 교육과정 재구성자로서의 역량이 놓이며, 교육과정 재구성을 위해서는 교사가 교육과정에 대한 이해와 해석 능력을 갖추고 있어야 한다. 앞서 제시한 바와 같이, 교육과정 재구성은 국가 교육과정을 교사가 변경, 수정하는 활동에서 출발한다. 교육과정 재구성 활동의 과정과 결과에 있어 질적인 차이를 만드는 것이 교사의 교육과정 문해력이다.

앞서 교육과정 문해력을 교사가 자신의 수업을 설계하고 실행하기 위해 교육과정을 읽고 쓸 줄 아는 능력으로 규정한 바 있다. 문해력은 '문자를 읽고 쓸 줄 아는 능력'을 의미하는 영어 단어 'literacy'를 번역한 것이다. literacy는 문식성, 문식력, 문해력 등으로 다양하게 번역된다. 그런데 '식識'보다는 '해解'가, '성性'보다는 '력力'이 이해와 표현을 행하는 주체의 능동성과 자율성을 더 잘 드러낼 수 있다는 점에서,[39] 이 책에서는 '문해력'이라는 번역어를 채택하였다.

문해력은 최근에는 문자 언어뿐 아니라 기호로 이루어진 다양한 텍스트에 대한 이해와 표현을 아우르면서 그 의미역을 확장해 왔다. 매체의 확장에 따라, 읽고 쓸 수 있는 문어적 능력을 가리켰던 전통적인 '문해력'이, 읽고, 보고, 듣고, 말하고, 쓰는 능력을 모두 포괄하는 개념으로 확장된 것이다. 여기에 더해 정보의 양이 급속히 증가하는 시대적 환경 속에서 문해력은 정보를 수집하고 활용하는 능력으로까지 의미의 폭이 확대되고 있다.[40] 읽기와 쓰기가 텍스트의 표면에 드러나는 기호의 의미화나 의미의 기호화라는 소극적 차원을 넘어서 텍스트를 활용하는 주체의 적극적이고 능동적인 참여를 요구하는 행위로 받아들여지고 있는 것이다. 언어 활동이 이루어지는 사회·문화적인 맥락에서 보면, 문해력은 사회가 요구하는 일반적인 의사소통의 규칙을 학습하도록 하는 기능적 차원뿐 아니라 텍스트에 대한 비판적·반성적 읽기 능력을 포괄한다.

교육과정 문해력은 이러한 '문해력'이라는 용어가 '교육과정'과 결합된 것이다. 이는 교육과정을 문해, 즉 읽고 쓰는 행위의 대상으로 규정한 것이다. 따라서 교육과정 문해력은 문해력의 대상인 국가 교육과정 문서에 대한 이해를 필수적으로 요구한다.

국가 교육과정의 이해

2015 개정 시기 교육과정의 성격 및 특징

국가 교육과정은 개정 당시의 시대적·사회적 요구를 반영하여 개정 방향을 수립한다. 2015 개정 시기 교육과정(이하 2015 개정 교육과정)은 '창의·융합형 인재 양성을 위한 수업 여건을 조성하는 교육과정, 핵심 역량을 함양하는 교육과정, 배움의 즐거움을 경험할 수 있는 학생 중심 교육과정'을 교육과정 개정의 방향으로 설정했다. 각 교과 교육과정 역시 이러한 개정 방향을 공유하고 있다. 국어과 교육과정의 경우, '국어'의 성격을 "가치 있는 국어 활동을 통해 바람직한 인성과 공동체 의식을 함양하는 과목"으로 명시하고 국어과의 핵심 역량으로 "비판적·창의적 사고 역량, 자료·정보 활용 역량, 의사소통 역량, 공동체·대인 관계 역량, 문화 향유 역량, 자기 성찰·계발 역량"을 제시하고 있다.[41] 이는 창의성과 인성, 핵심 역량, 학생을 강조하는 개정의 방향성을 반영한 것이다.

교과 교육과정 문서의 구성 체제

2015 개정 교과 교육과정 문서들은 교육과정의 전체 구성 체제와 영역별 내용 체계가 일관성 있게 구성되어 있다는 점에서 2009 개정 교육과정과는 다른 특징을 갖는다. 이는 교육과정 문서 구성에서의 긍정적인 변화로 평가할 만하다. 교사들이 교과별로 각기 다른 내용 체계를 이해하는 데 드는 인지적 부담이 줄어든 만큼 교육과정 문서에 대한 이해가 수월해졌다고 볼 수 있기 때문이다. 교과 간 교육과정의 문서 구성에서 유사성이 증가한 것은 교육과정 개정 총

[표 6] 2015 개정 교과 교육과정 문서의 구성 요소

구성 요소		주요 내용
1. 성격		- 교과(교육)의 필요성 - 교과(교육)의 역할 - 교과 영역, 교과 역량 등
2. 목표		- 교과 총괄 목표 - 교과 세부 목표 - 학교급별 목표
3. 내용 체계 및 성취기준	가. 내용 체계	- 영역 - 핵심 개념 - 일반화된 지식 - 학년(군)별 내용 요소 - 기능
	나. 성취기준	- 학년별 내용 요소와 기능의 결합
4. 교수·학습 및 평가 방향		- 교수·학습 및 평가의 철학, 방향 - 교수·학습 및 평가상의 유의점 등

론팀의 제안을 각 교과 교육과정에서 반영한 결과이다.[42]

각 교과 교육과정 문서의 구성 요소는 [표 6]과 같다. 모든 교과 교육과정이 동일하게 '1. 성격, 2. 목표, 3. 내용 체계 및 성취기준, 4. 교수·학습 및 평가 방향'이라는 구성 체제로 이루어져 있다. '3. 내용 체계 및 성취기준'은 다시 '가. 내용 체계'와 '나. 성취기준'으로 나뉘며, 성취기준은 '(가) 학습 요소, (나) 성취기준 해설, (다) 교수·학습 방법 및 유의 사항, (라) 평가 방법 및 유의 사항' 순으로 내용이 구성되어 있다. 세부 내용을 채우는 방법에는 교과별로 차이가 있지만 일단 외적 형식은 통일되어 있어서 교과가 다르더라도 교육과정 문

서의 각 부분이 어떤 내용으로 채워져 있을지를 예측할 수가 있다.

교과 교육과정의 내용 체계

2015 개정 교육과정에서는 내용 체계를 제시하는 방식도 2009 개정 교육과정에 비해 크게 변화했다. 각 교과 교육과정의 내용 체계 및 성취기준이 교실 수업의 실제적인 기반이 된다는 점에서 그 특징을 잘 파악하는 것은 중요하다.

2015 개정 교과 교육과정의 내용 체계는 크게 영역, 핵심 개념, 일반화된 지식, 학년(군)별 내용 요소, 기능으로 구성되어 있다. 각각에 대한 설명은 [표 7]과 같다.

교과 교육과정의 내용 체계에서 '핵심 개념'은 교과 학습을 통해 학습한 구체적인 사실과 정보는 잊어버리더라도 반드시 알아야 하는 핵심적인 내용을 제시하기 위해 도입한 것으로, 각 교과의 기저

[표 7] 2015 개정 교과 교육과정의 내용 체계

구분	내용
영역	- 교과의 성격을 가장 잘 드러내면서도 교과 학습 내용을 조직화(범주화)하는 최상위의 틀 혹은 체계
핵심 개념	- 교과가 기반하는 학문의 가장 기초적인 개념이나 원리 - 빅 아이디어(big idea) 또는 큰 개념(big concept), 핵심 아이디어
일반화된 지식	- 학년(군) 및 학교급을 통해 학생들이 알아야 할 일반화된 지식으로 전 학년(군)에서 배우는 학습 내용의 일반 원리
내용 요소	- 일반화된 지식에 근거하여 학년별, 학교급별로 배워야 할 중요하고, 압축적이며 핵심적인 내용(지식 등)임
기능	- '내용(지식)'을 가지고 할 수 있어야 할, 또는 할 수 있기를 기대하는 것

[표 8] 2015 개정 사회과 교육과정의 내용 체계(일부)

영역	핵심 개념	일반화된 지식	내용 요소			기능
			초등학교		중학교	
			3~4학년	5~6학년	1~3학년	
정치	민주주의와 국가	현대 민주 국가에서 민주주의는 헌법을 통해 실현되며, 우리 헌법은 국가 기관의 구성 및 역할을 규율한다.	민주주의, 지역 사회, 공공 기관, 주민 참여, 지역 문제 해결	민주주의, 국가 기관, 시민 참여	정치, 민주주의, 정부 형태, 지방 자치 제도	조사하기, 분석하기, 참여하기, 토론하기, 비평하기, 의사결정하기
	정치 과정과 제도	현대 민주 국가는 정치 과정을 통해 시민의 정치 참여가 실현되며, 시민은 정치 참여를 통해 다양한 정치 활동을 한다.		생활 속의 민주주의, 민주 정치 제도	정치 과정, 정치 주체, 선거, 시민 참여	
	국제 정치	오늘날 세계화로 인해 다양한 국제기구들이 활동하고 있으며, 한반도의 국제 질서도 복잡해지고 있다.		지구촌 평화, 국가 간 협력, 국제기구, 남북통일	국제 사회, 외교, 우리나라의 국가 간 갈등	

를 이루는 학문의 가장 기초적인 개념을 가리킨다.[43] 학교에서 가르쳐야 할 '중요한 지식'에 해당하는 '핵심 개념'을 중요한 축으로 하는 이 내용 체계는 사회나 과학 같은 내용 교과에 최적화된 것이지만, 국어와 수학 등 다른 교과에도 일관되게 적용되고 있다.

　다음으로 '일반화된 지식'은 핵심 개념을 이해하기 위해서 학습자들이 알아야 하는 지식으로, 학년(군)별 내용 요소를 포괄할 수 있

[표 9] 2015 개정 과학과 교육과정의 내용 체계(일부)

영역	핵심 개념	일반화된 지식	내용 요소			기능
			초등학교		중학교	
			3~4학년	5~6학년	1~3학년	
힘과 운동	시공간과 운동	물체의 운동 변화는 뉴턴의 운동 법칙으로 설명된다.		속력, 속력과 안전	등속 운동, 자유 낙하 운동	문제 인식, 탐구 설계와 수행, 자료의 수집·분석 및 해석, 수학적 사고와 컴퓨터 활용, 모형의 개발과 사용, 증거에 기초한 토론과 논증 결론 도출 및 평가, 의사소통
	힘	물체 사이에는 여러 가지 힘이 작용한다.	무게, 수평 잡기, 용수철 저울의 원리		중력, 마찰력, 탄성력, 부력	
	역학적 에너지	마찰이 없는 계에서 역학적 에너지는 보존된다.			중력에 의한 위치 에너지, 운동 에너지, 역학적 에너지 보존	

는 명제로 진술되어 있다. '내용 요소'는 학년(군)별로 배워야 하는 내용들을 구체화한 것이고, '기능'은 학년(군)별 내용 요소를 학습한 후에 학습자가 이를 활용하여 할 수 있어야 하거나 할 수 있을 것으로 기대되는 것이다. '기능'은 각 교과 고유의 탐구 과정 및 사고 기능에서 추출한 것으로, 각 교과의 핵심 역량과도 관련이 있다.

교과 공통의 교육과정 내용 체계가 사회과 및 과학과 교육과정 문서에 반영된 결과를 예시하면, [표 8], [표 9]와 같다

성취기준 제시 방식

2015 개정 교육과정에서는 성취기준을 제시하는 방식도 형식적으로나 내용적으로나 크게 변화했다. 교육과정 문서에서는 성취기준만 제시하고 교육과정 해설서를 따로 두거나, 교육과정 문서상에 성취기준을 제시하면서 대강의 해설만 제시하던 틀을 탈피하여, 성취기준과 함께 학습 요소, 성취기준 해설, 교수·학습 방법 및 유의 사항, 평가 방법 및 유의 사항 등을 제시함으로써 교육과정 문서를 참고하여 수업을 설계하고 실행하고자 하는 교사들이 얻을 수 있는 정보를 확대하고 있다.

예를 들어, 사회과 교육과정의 경우 기존 교육과정에서는 교육과정 대강화의 흐름을 반영하여 주요 내용과 학습 목표를 포함한 중단원 수준의 성취기준 문장만을 간략히 제시하였다. 이와 달리 2015 개정 교육과정에서는 성취기준을 포함하여 단원별 주요 내용 요소, 교수·학습 방법 및 평가 방법까지 제시함으로써 교육과정 문서가 해설서의 기능을 겸하고 있다. 물론 이러한 성취기준 제시 방식이 교과서 개발자와 현장 교사에게 허용된 교육과정 재구성의 방향과 범위를 제약할 가능성도 배제할 수는 없다. 그러나 교육과정 재구성의 방법을 모색하는 교사들이 필요로 하는 정보들을 보강함으로써 교육과정이 현장 교육의 방향을 상세하게 안내하는 더 친절한 문서가 될 수 있다는 점에서 이러한 변화를 긍정적으로 평가할 만하다.

교과 공통의 성취기준 진술 방식이 개별 교과의 교육과정 문서에 반영된 결과를 예시하면 [표 10]과 같다.

[표 10] 2015 개정 교육과정의 성취기준 제시 방식(예시)

국어과 교육과정	사회과 교육과정	과학과 교육과정
초등학교 1~2학년 듣기·말하기 영역	(1) 우리가 살아가는 곳	(9) 물체의 무게
[2국01-01] 상황에 어울리는 인사말을 주고받는다. [2국01-02] 일이 일어난 순서를 고려하며 듣고 말한다.	[4사01-01] 우리 마을 또는 고장의 모습을 자유롭게 그려 보고, 서로 비교하여 공통점과 차이점을 찾아 고장에 대한 서로 다른 장소감을 탐색한다.	[4과09-01] 일상생활에서 물체의 무게를 측정하는 예를 조사하고 무게 측정이 필요한 이유를 설명할 수 있다.
(가) 학습 요소 (나) 성취기준 해설 (다) 교수·학습 방법 및 유의 사항 (라) 평가 방법 및 유의 사항	(가) 학습 요소 (나) 성취기준 해설 (다) 교수·학습 방법 및 유의 사항 (라) 평가 방법 및 유의 사항 　① 평가 방법 　② 유의 사항	〈탐구 활동〉 (가) 학습 요소 (나) 성취기준 해설 (다) 교수·학습 방법 및 유의 사항 (라) 평가 방법 및 유의 사항

교과 교육과정 문서의 차이점

이상에서 살펴본 바와 같이, 2015 개정 교과 교육과정의 내용 체계표는 교과에 상관없이 일관성을 갖추고 있다. 이는 교과마다 내용 체계 구성이나 진술 방식이 달라서 교과 교육과정 전반에 걸쳐 일관성이 부족하다는 문제를 해결하기 위한 것이다.[44] 이렇게 핵심 개념을 중심으로 일관된 내용 체계표를 모색하게 된 배경에는 일부 교과의 내용 체계가 교과서의 대단원명을 나열하는 수준에 지나지 않는다는 비판적 인식도 자리하고 있었다.

그러나 핵심 개념 중심의 내용 체계표가 모든 교과의 목표와 내용의 구조를 성공적으로 담아내고 있는지는 의문이다. 지식이 아니라 학생들의 실제 수행 능력을 강조하는 교과의 경우 이러한 내용 체계의 적합성을 놓고 상당한 논란이 있을 수 있다. 예를 들어, 국어과의 경우, '핵심 개념'의 하위에 제시된 항목들을 보면 2009 개정 교육과정에서 '실제', '지식', '기능', '태도'라는 범주로 나누어 제시되었던 내용들이 망라되어 있다. 이들을 '개념'이라는 용어 아래에 끌어들이는 것은 무리가 있다. 게다가 '기능'의 경우, 2009 개정 국어과 교육과정에서는 '담화나 글의 수용·생산 활동에 관여하는 사고의 절차나 과정'을 포괄하는 용어로 사용되었으나, 2015 개정 교육과정에서는 학습을 완료한 후에 학습자가 할 수 있기를 기대하는 것(skills)으로 사용되고 있어서 교육과정 문서에 등장하는 '기능'의 개념이 혼란스럽다. 6차 교육과정 이후 교육과정이 개정될 때마다 변모를 거듭하기는 했지만 '실제'와 '지식(또는 본질)', '기능(또는 원리)'을 중심으로 기본적인 틀을 유지해 온 기존의 내용 체계에 익숙한 국어교육 전문가들과 교사들에게는 새로운 내용 체계가 이질적으로 느껴질 수밖에 없다.

각 교과별 교육과정 문서의 가장 큰 차이는 내용 체계표의 하단을 채우고 있는 세부 내용과 성취기준에서 찾아볼 수 있다. 2015 개정 교육과정에서 성취기준은 교과를 통해 학생들이 배워야 할 지식과 기능을 제시한 것으로 내용 체계를 근거로 하여 학년별 내용 요소와 기능을 결합하여 진술하도록 되어 있다.[45] 그러나 각 교과별로 교수·학습해야 할 내용은 다르기 때문에 성취기준의 내용과 그것을 제시하는 방식이 동일할 수는 없다. 결국 각 교과 교육과정에 대한 교사의 문해력은 성취기준으로 표현된 교육 내용은 물론 그 심층에 놓이는 배경 학문에 대한 이해 수준과 관련이 있을 수밖에 없다.

교사가 갖추어야 할 교육과정 문해력의 요소

2015 개정 교육과정은 "교과 간 교육과정 문서의 형식적 일치"를 통해 교육과정 문서 구성 방식의 유사도가 이전 교육과정에 비해 매우 높아졌다. 그러나 일치된 형식이 담고 있는 구체적인 내용을 들여다보면 "교과 간 교육과정 문서의 실체적 불일치"가 있음을 알 수 있다.[46] 일례로 각 교과별 내용 체계는 동일한 구성 요소들로 이루어져 있지만, '영역'과 '핵심 개념' 같은 용어가 의미하는 바, 또는 그것이 문서에서 실제로 구현되는 바는 일치하지 않는다. 이로 인해 교과 교육과정에서 제시하는 바를 더 잘 이해하기 위해서는 교과별 목표 및 성격, 내용에 대한 심화된 이해가 요구된다.

한편, 초등 교사와 중등 교사에게 요구되는 교육과정 문해력에는 중요한 차이가 있다고 생각할 수 있다. 중등 교사는 자신이 담당하는 교과의 교육과정에 대한 문해력만 갖추면 되지만, 초등 교사는 초등학교에서 다루는 모든 교과의 교육과정에 대한 문해력을 갖추어야 하기 때문이다. 그런데 최근에는 중학교와 고등학교에서도 교과 통합 수업이 다양하게 시도되고 있어서, 중등 교사들에게도 여러 교과의 교육과정에 대한 종합적인 이해를 바탕으로 교육과정을 새롭게 쓰는 능력이 요구되고 있다.

각 교과의 교육과정을 이해하기 위해서는 교과별로 다른 배경 학문과 교수·학습 방식의 이해가 필요하다. 이 때문에 한 교과의 교육과정에 대해 높은 수준의 문해력을 갖춘 교사라고 해도 다른 교과의 교육과정에 대한 문해력은 그에 미치지 못할 수도 있다. 학문 간의 배경에 따른 교과의 구분이 여전히 존재하는 상황에서 개별 교과는 물론 교과 간의 융합까지 고려해야 한다면, 교사는 교육과정의 일반성과 교과 특수성을 모두 고려할 수 있는 능력을 가져야 할 것이다. 물론 학교급에 따라 교사들에게 요구되는 교육과정 문해력에는 차이가 있으며, 중등 교사들에게는 전공 교과에 특수한 교육과정 문해력이 더 중요할 수밖에 없을 것이다. 이를 전제로 교사들에게 필요한 교육과정 문해력의 구성 요소를 크게 교과 일반적 문해력, 교과 특수적 문해력, 교과 통합적 문해력으로 나누어 설명하고자 한다.

교과 일반적 문해력

교과 일반적 문해력은 각 교과 내의 논리에 함몰되지 않고 여러 교과를 균형 있게 이해하고 재구성할 수 있는 역량이다. 교사가 교과 교육과정 문서의 공통점과 총론을 토대로 각 교과 교육과정이 요구하는 바를 읽어 내지 않으면, 개별 교과의 교육 내용을 가르쳤을 때 학습자가 갖추게 되는 능력을 온전히 보기 어렵다. 학습의 결과, 학습자에게 일어날 변화를 예측하기 위해서라도 초등 교사는 차시나 단원, 교과로 분절되지 않는 교육과정의 전체를 그릴 수 있어야 한다. 즉 이는 각 교과 학습을 통해 길러 내고자 하는 학습자에 대한 총체적인 상과 연관되어 있다. 교과 일반적 문해력은 때로는 개별 교과 자체의 논리보다는 학습자의 발달 수준이나 요구 등에 대한 이해를 더 필요로 할 수 있다. 이러한 교과 일반적 문해력을 갖춘 교사는 개별 교과의 논리를 넘어서 학습자의 눈으로 각 교과의 요구 사항을 해석할 수 있을 것이다.

교과 특수적 문해력

교과 특수적 문해력은 각 교과 특유의 교육 목표와 학문적 배경에 대한 이해를 전제로 개별 교과 교육과정 구성의 논리를 파악하고 이를 현장에서 구현해 내는 역량이다. 개별 교과를 가르치기 위해서 교사는 각 교과의 교육과정을 이해해야 한다. 기본적으로 교과 지식에 대한 이해의 정확성과 깊이가 바탕이 될 때 교사의 교육과정 재구성이 폭넓게 이루어질 수 있다. 그렇지 않으면 피상적인 수준에서 교육 내용을 다루게 될 가능성이 있다. 교과 특수적 문해력은 특정 교과에 대해 전문성을 갖추어야 하는 중등 교사들에게 더 중요하게 요구되는 능력으로 여겨지지만, 초등 교사에게도 반드시 필요한 능력이다. 비록 초등학교 각 교과 교육과정에서 다루고 있는 지식의 수준이 중등에 비해 낮고 단순한 것은 사실이다. 하지만 각 교과의 교육과정 문서가 어떠한 내용을 포함하고 있으며 그러한 학습 주제나 내용이 다루어지는 이유를 아는 것은 교사가 반드시 갖추어야 할 자질이며 능력이다.

교과 통합적 문해력

교과 통합적 문해력은 교과 간 관련성을 읽어 낼 수 있는 역량이다. 학문 간 통섭 및 융합의 중요성이 강조되면서, 최근 학교 현장에서도 교과 간 경계를 넘어서는 교육과정 재구성에 대한 요구가 커지고 있다. 이에 각 교과 교육과정을 토대로 연관성 있는 내용 요소들과 기능들을 통합하여 수업을 진행할 것을 요구받고 있다. 이러한 역량을 갖추기 위해 교사는 교과 통합적 관점에서 교육과정 문서의 심층을 읽어 내고 내재된 통합의 가능성들을 찾아낼 수 있어야 한다. 최근 학교 현장에서 호응을 얻고 있는 주제 중심 통합 수업 설계와 실행의 근거도 교육과정 문서의 성취기준에서 찾아야 한다. 국가 교육과정에 제시된 각각의 성취기준은 교과 간 통합을 염두에 두고 설정된 것은 아니지만, 서로 다른 두 개 이상의 교과 교육과정에서 성취기준을 추출하고 연결해서 학습의 목표와 내용, 활동을 조직해 낼 수 있는 능력이 교사에게는 필요하며 그 능력이 교과 통합적 문해력이다.

Chapter **2**

/

교육과정 문해력과
수업

교육과정 문해력의 수준과
수업 설계

교육과정 문해력의 다양한 양상과 수준[47]

다양한 교사, 다양한 교육과정

교육과정 문해력에 대한 교사들의 이해를 돕고 교육과정을 읽고 쓰는 능력을 실질적으로 신장시킬 수 있는 프로토콜을 설계하기 위해서는, 교육과정 문해력의 개념와 특성을 이론적으로 규명하는 것도 필요하지만 수업의 설계와 실행 과정에서 교사들의 교육과정 문해력이 어떠한 양상으로 나타나는지를 살펴볼 필요가 있다. 예비 교사 및 현장 교사들의 교육과정 문해력은 실제로 매우 다양하게 전개된다. 교사의 교육과정 문해력은 각 교과별·학교급별로 다른 양상을 보이며 교사 개인의 지식이나 능력에 따라서도 질적인 차이를 나타낸다.

교사는 문서로 된 국가 교육과정을 이해하고 해석하며 이를 바탕으로 교실 현장의 상황에 맞게 수업을 계획하고 실행한다. 이 과정에서 교육과정에 대한 교사의 이해와 해석의 차이, 수업 현장에 맞게 교수·학습 내용과 순서, 비중을 조절하는 전략 등 다양한 요인들이 작용하면서 같은 교육과정을 기반으로 하더라도 교사에 따라 수업의 설계와 실행은 차이를 보이게 된다. 교사가 교육과정을 수업으로 실현하는 과정에 작용하는 교육과정 문해력의 차이에 따라 같은 교육과정이 서로 다른 다양한 수업 활동으로 나타나게 되는 것이다.

2009년 6월 교육과학기술부는 학교 자율화를 추진하면서 학교장이 국가 교육과정과 관련 정책 방안 등을 토대로 학교 구성원들의 의견을 수렴하여 해당 학교의 여건과 실정에 알맞게 학교 교육과정을 자율적으로 편성·운영하는 '교육과정 자율화' 방안을 제시하였다. 그 후에도 교사들의 교육과정 재구성은 비교적 소극적 차원에서 이루어지는 경우가 많았지만, 최근으로 올수록 교육과정 재구성과 관련한 전문성을 기르기 위한 교사학습공동체의 활동이 증가하고 있고 교육과정 재구성의 유형도 다양해지고 있다. 교사들이 이전에 비해 교육과정을 능동적이고 자율적으로 구성해 운영하고자 하며, 교육과정 재구성에 대해 논의하고 사례를 공유하는 교사학습공동체 활동에 적극적으로 참여하고 있는 것이다.

교육과정 문해력의 수준

학교 현장에는 여전히 국가 교육과정에 대해 무관심하고 교과서와 교육과정을 동일시하는 교사들도 있지만 국가 교육과정을 전면적으로 재편해 자신만의 교육과정을 만들어 나가는 교사들도 존재한다. 동료 교사들에게 자신들의 경험을 전수하며 교육과정 재구성과 관련된 리더로서의 역할을 수행하고 있는 교사들의 사례를 살펴보면, 국가 교육과정이나 교과서에 대한 '읽기'와 '적용'의 수준을 넘어서 '쓰기'와 (재구성을 넘어선) '구성'의 수준으로까지 확장된 교육과정 문해력을 보여 주는 교사들도 있다.[48] 하지만 대부분의 교사들은 국가 교육과정을 이해하고 자신만의 교육과정을 쓰기 위해 고군분투하고 있다.

교사가 가진 교육과정 문해력은 다른 능력과 마찬가지로 교사 개인마다 차이가 있으며, 학습할 수 있는 능력이고, 교육과정의 내용을 단순히 적용하는 기본 수준에서부터 비판적으로 구성할 수 있는 심화 수준까지로 구분되는 단계적인 성격을 지닌다. 교사가 자신의 수준이나 단계를 적절하게 진단하고 교육과정 문해력을 향상시켜 나간다면, 교수·학습 수준에서 교육과정의 자율성을 확보하면서도 국가 수준 교육과정이 목표하는 바를 적절히 반영하도록 자신의 수업을 개선하는 데 도움을 받을 수 있을 것이다.

예비 교사와 현장 교사들의 교육과정 문해력 수준에 대해서, 김병수, 이현명(2016)은 Giroux(1988)의 논의를 근거로 기능적 수준, 구성적 수준, 비판적 수준으로 나누어 설명한 바 있다.[49]

기능적 수준은 교육과정 개발자의 의도를 파악하고 교육과정을 이해하는 데 필요한 기본적 지식과 기초적 능력을 갖추는 단계를 뜻

하며, 이때 교사는 개발자의 의도에 따라서 국가 교육과정을 수행하는 실행자의 역할을 담당하게 된다. 기능적 수준에서 교육과정 문해력이란 '교과별로 정해진 시수를 지키고, 교과서에 나와 있는 차시를 모두 가르치는 것'이고, 이 단계에서는 교사들에게 국가 교육과정의 의미를 이해하고 교육과정 내용에 대한 정보를 정확히, 그리고 잘 '읽어 낼 수' 있도록 하는 것이 중요하다. 또한 교사들이 기능적 수준의 교육과정 문해력을 획득하게 되면 교육과정 문해력의 견지에서 교육과정을 바라보는 안목을 갖게 될 것으로 기대된다.

구성적 수준은 교과서의 내용을 충실히 다루고 이를 바탕으로 교사-교사, 교사-학생, 학생-학생 간의 사회적 상호작용을 통해 학습의 의미와 경험을 재구성할 수 있을 정도의 수준을 가리킨다. 구성적 수준에서 교사는 국가 교육과정을 개발자의 의도에 따라 수행하기보다 학교와 교실에 적합하게 재구성하는 수준의 개발자의 역할을 하게 된다. 국가 교육과정에서 어떤 내용이, 왜 다루어지는지를 알고 이를 의도에 맞게 활용할 수 있는 수준이 구성적 수준에 해당하며, 구성적 수준의 교사는 교과서 내용의 생략, 순서 재조정, 무의미한 대체 등 교과서의 내용을 효과적으로 가르치는 데 초점을 둔 재구성을 넘어서서 자신의 학급과 학교의 상황에 맞게 창조적으로 재구성할 수 있는 수준까지 나아갈 것으로 기대된다. 국가 교육과정 문서의 배경을 이해하고 능동적인 해석과 재진술이 가능한 정도의 수준, 교사의 '가르치는 행위'와 학생의 '배우는 행위'에 담긴 의미와 경험을 재구성하는 수준을 김병수, 이현명(2016)은 온전한 구성적 수준으로 보고 있다.

비판적 수준은 국가 교육과정 문서에 대한 비판적 해석을 기본으로 하며, 교육과정의 의도와 내용을 아는 것을 넘어 그것의 타당성을 따지고 대안을 제시할 수 있는 수준을 가리킨다. 문서화된 국가 교육과정에 나타난 저자의 의도를 파악하는 것이 기능적 수준, 교사 자신이 의미를 구성하는 것이 구성적 수준이라면 비판적 수준은 교육과정의 타당성을 따질 수 있는 단계까지 나아가는 것이다. 비판적 수준에서 교육과정 문해력의 범위는 국가 교육과정 문서를 읽는 것에 한정되지 않으며, 현재의 교육적 상황에서 사회, 교육 환경, 제도 등 공교육이라는 텍스트를 결합해서 국가 수준의 공식적 교육과정의 이면을 읽어 낼 수 있는 수준까지 포함한다. 교사는 비판적 수준에서의 교육과정 문해력을 토대로 학교와 교실 안에서 진보적 변화와 사회 정의와 평등을 실천하는 데까지 나아갈 수 있다. 교육의 사회적·문화적 맥락과 관련하여 교육과정의 의도와 내용에 대해 반성적으로 성찰하고 지식을 생성하는 데까지 나아갈 수 있을 때 교사는 자기 주도적 교육관을 새로 만들 수 있을 것으로 기대된다.

한편 박윤경(2017)은 예비 교사의 사회과 수업 지도안을 분석한 결과를 토대로 교사의 교육과정 문해력 수준을 제로 수준과 입문 수준, 기초 수준, 심화 수준의 네 단계로 나누어 제시하였다.

먼저, '사회과 교육과정 문해력 zero(0) 수준'은 교과서 재구성 정도와는 무관하게 학습 목표, 주제, 내용 등을 오독하는 단계이며, 이 수준에서는 재구성이 잘못된 방향으로 이루어질 수 있다. 둘째, '사회과 교육과정 문해력 입문 수준'은 학습 목표, 주제 및 내용 선정 등에서 교과서 및 지도서에 의존하여 수업을 설계하는 단계이다. 이 수준에서 예비 교사는 교과서의 기계적 전달자 역할을 수행하며, 교수·학습이 피상적인 수준에서 이루어질 수 있다. 셋째, '사회과 교육과정 문해력 기초 수준'은 교과서 및 지도서의 기본 틀을 수용하되 비교적 적극적으로 활동 내용 등을 재구성하는 단계이다. 이 수준에서는 활동 내용 추가 등을 통해 학습자의 경험을 확장하거나 학습 내용을 심화하려고 시도하지만 교육과정 성취기준이나 학습 주제에 대한 배경적 이해가 충분하다고 보기는 어렵다. 넷째, 예비 교사들 중에도 사회과 교육과정 성취기준을 명확하게 이해하고 수업을 설계한 경우와 교육과정에 대한 비판적 접근의 특성을 드러내는 경우가 있다. 전자의 경우 수업의 초점을 학습 주제에 맞게 설정하였으며, 후자의 경우 교과서 및 지도서 내용의 한계나 문제점을 지적하고 보완하려고 시도한다. 이러한 수준을 '사회과 교육과정 문해력 심화 수준'으로 볼 수 있는데, 현장 교사들 중에는 심화 수준의 교육과정 문해력을 갖춘 교사들이 더 많을 것으로 보인다.

김병수, 이현명(2016)은 국어과를 중심으로, 박윤경(2017)은 사회과를 중심으로 교육과정 문해력의 수준을 살펴본 것이고 각 교과별로 교육과정 문해력을 구성하는 세부 요소와 교사의 교육과정 문해력에 영향을 끼치는 변인은 차이를 보일 수 있다. 그러나 교사들의 교육과정 문해력은 국가 교육과정에 대한 인식이 부족한 수준에서부터 국가 교육과정 문서 너머의 교육의 사회적 맥락을 조망하면서 교육과정을 비판적으로 읽고 공교육의 혁신을 위한 새로운 교육과정을 생산하는 수준까지 다양한 스펙트럼을 보이며, 이러한 현상은 특정 교과에 국한되지 않는다. 교사의 교육과정 문해력은 교과 특수적 문해력으로만 설명될 수 없으며 교과 일반적 문해력과 교과 통합적 문해력을 포괄하면 교육과정 문해력의 수준은 더 복합적으로 규정될 수 있다. 교육과정 문해력을 교육과정과 수업의 관계에 초점을 두고 보느냐 교사의 교육적 실천 전반으로 확대해서 보느냐에 따라서도 교육과정 문해력의 수준에 대한 논의는 다르게 전개될 수 있을 것이다. 그런 점에서 교육과정 문해력의 수준에 대한 논의는 완결된 것이 아니라 여전히 진행 중이며, 새로운 시각에서의 접근을 기다리고 있다.

교육과정 문해력과 수업 설계

국가 수준 교육과정과 수업의 설계

교사는 국가 교육과정에 대한 이해를 바탕으로 수업에서 교사 수준의 교육과정을 실현하며, 교사의 교육과정 문해력은 수업의 설계와 실행 과정에서 핵심적인 역할을 수행한다. 국가 교육과정을 토대로 자신의 수업을 설계하기 위해서 교사가 수행해야 하는 과업을 사회 수업의 준비 과정을 중심으로 살펴보도록 하자.

먼저 교사는 자신이 맡은 각 차시 수업과 교육과정 성취기준 사이의 관계를 인식할 수 있어야 한다. 이는 교사들이 주로 접하는 교과서와 교사용 지도서를 넘어서 교육과정 문서의 존재를 알고 이를 활용하는 것을 전제로 한다. 2015 개정 사회과 교육과정의 경우, 그 구성 체제를 살펴보면, 크게 '1. 성격, 2. 목표, 3. 내용 체계 및 성취기준(가. 내용 체계, 나. 성취기준), 4. 교수·학습 및 평가의 방향'으로 구성되어 있다. 이 중에서 구체적인 차시별 수업의 내용 및 방법과 가장 관계가 깊은 부분은 '3. 내용 체계 및 성취기준'에 제시된 '성취기준'이다. 사회과의 경우, 성취기준은 3~4학년군, 5~6학년군, 중학교

1~3학년군으로 구분하여 대단원별로 제시되는데, 크게 보면 단원명, 단원 개관, 성취기준으로 구성되어 있다. 이 중 각각의 성취기준이 사회 교과서 중단원 구성의 근거가 된다.

국가 교육과정에 제시된 성취기준을 확인한 다음에는, 차시 수업관련 성취기준에서 요구하는 학습 주제와 학습 목표를 추출할 수 있어야 한다.

세 번째로는, 성취기준의 학습 주제에 포함된 다양한 교과 내용요소와 그 내용 요소들 사이의 관계를 이해해야 한다. 2015 개정 사회과 교육과정에서는 하나의 성취기준 문장이 교과서 중단원에 해당한다. 따라서 성취기준에 제시된 학습 주제는 상당히 포괄적인 수준에서 학습 내용을 압축적으로 제시하고 있으며, 교사들은 필요한 경우 차시 수업 내용 선정을 위해 성취기준의 학습 주제가 담고 있는 교과 내용을 체계적으로 파악할 수 있어야 한다.

네 번째로, 성취기준의 학습 목표가 의미하는 바를 포착할 수 있어야 한다. 사회과 교육과정은 학문의 발달과 함께 다양한 사회적 요구를 반영하여 구성된다. 따라서 교사는 사회과 성취기준의 학습 목표가 어떤 사회적 요구나 학문적 요구를 반영하고 있는지를 읽어낼 수 있어야 한다. 이는 학습 목표의 인지적 요소, 정의적 요소를 파악하는 것과도 연관된다.

다섯 번째로, 하나의 성취기준을 독립적으로 해석하는 것을 넘어서 대단원별 성취기준 간의 관계 및 사회과 교육의 목표와 개별 성취기준 사이의 관계의 적합성 등에 대해 총체적으로 조망하고 각각의 성취기준 설정의 적합성을 비판적으로 분석할 수 있어야 한다. 사회과 교육과정은 내용 영역별로는 크게 지리, 역사, 일반사회의 세

영역으로 구성되어 있으며, 각 내용 영역별로도 다양한 주제를 다루고 있다. 또한 목표 영역별로는 지식, 기능(사고력), 가치·태도 관련 목표를 제시하고 있다. 뿐만 아니라 사회과 교육과정은 교과의 독특한 특성상 다양한 사회적 이해관계나 시대적 요구들이 학습 주제로 반영되기도 한다. 이 과정에서 성취기준들 사이에 충돌이 발생하거나 더 큰 상위의 교과 목표에 적합하지 않은 방식으로 성취기준이 제시될 수도 있다. 따라서 새롭게 만들어지거나 수정되는 성취기준들이 민주시민성 함양이라는 사회과 교육의 상위 목표에 비추어 얼마나 적합한 방식으로 제시되었는지에 대한 비판적 접근이 필요하다.

이러한 과정에서 교사에게는 국가 교육과정의 문면을 읽는 능력뿐 아니라 문서의 심층을 구성하고 있는 교과 내용 지식에 대한 폭넓은 이해, 교육과정을 둘러싼 다양한 학문적·사회적 쟁점에 대한 비판적 인식 능력이 요구된다. 수업의 성패는 결국 교사의 교육과정 문해력에 의해서 영향을 받을 수밖에 없는 것이다.

수업으로 다시 쓰는 교육과정

앞서 살펴본 것처럼 교육과정을 읽고 쓰는 교사의 능력은 다양한 수준으로 나타나는데, 높은 수준의 교육과정 문해력을 갖춘 교사들은 교과서를 벗어나서 자신만의 교육과정을 구축하는 단계로 나아가는 경향을 보인다. 비판적 수준 또는 심화 수준의 교육과정 문해력을 갖춘 교사들은 국가 교육과정을 명확하게 이해하고 비판적인 분석을 토대로 교과서 및 지도서의 한계나 문제점을 지적하고 보완하면서 자신의 교육과정을 구성한다. 이 수준의 교사들은 교과서를 참고하기는 하지만 교과서에 의존하지 않고 자신의 교육과정을 만들 수 있으며, 일부 교사들은 교과서 없이 연간 교육과정을 모두 재구성하고 교육과정 자료를 만드는 수준까지 성장해 나가기도 한다.

교과 교육과정에 대한 심도 있는 이해를 바탕으로 교과서에 얽매이지 않는 창의성을 발휘하는 교사들의 사례는 어렵지 않게 찾을 수 있다. 교육과정 운영에 있어서 교사들의 자율성이 적극적으로 보장되고 있는 혁신학교에 근무하고 있는 A교사는 그런 교사 중 한 명이다. 초등학교에서 15년 넘게 학생들을 가르쳐 온 A교사는 국어 수업을 좋아하는데 교육과정 재구성을 요구하는 사회적 분위기와는 별개로 점점 교과서가 자신의 손에서 멀어지고 있는 것을 느끼고 있다고 했다. A교사는 국어과 교육이 너무 의사소통 기능을 강조하는 방향으로 치우쳐 있고 국가 교육과정을 살펴보면 문학 영역에조차 기능 중심적 관점이 깔려 있다는 비판적 인식을 토대로 수업을 설계하고 있다. 국어 교과서의 문학 단원을 가르칠 때는 아이들이 좋아할 수 있는 문학 작품을 먼저 찾고, 성취기준과 학습 요소의 연결이 부자연스럽다는 생각이 들면 불필요한 내용을 과감하게 삭제하고 교과서를 재구성한다.

저는 그 단원의 시 수업을 통째로 재구성을 했었어요. (……) 시가 주는 즐거움을 우리가 좀 느껴 봤으면 좋겠어, 그게 시 수업의 목표였어요. 그리고 어찌 됐든 성취기준에 암송한다고 되어 있는데, 그래서 암송까지 가는 게 저의 목표였어요. (……) 기계적으로 하지 말고 어떻게 하다 보니 암송이 됐으면 좋겠다는 생각이 들어서 성취기준에 맞게 이제 아이들이 좋아하는 시 스스로 찾기(를 하게 했죠.) (……) 아이들 입에서 "이 시 신짜 재미있어요"라는 말이 나오게 하는 시가 일단 아이들에게 먼저 다가가지 않을까 하는 생각이 들었어요. 그리고 실제로 그랬었어요.

- A교사의 수업 사례 발표에 대한 전사록에서 발췌

A교사가 국어 수업을 설계하고 실행하는 데서 가장 중요하게 고려한 점은 교과서가 아니라 학습자의 흥미와 배움이고, 국어과 교육과정을 재구성하는 데서 가장 중요하게 활용하는 방법은 제재를 대체하는 것이다. 국어 교과서는 국가 교육과정을 토대로 제재를 선정하고 그 제재를 고려하여 내용 학습과 목표 학습을 위한 학습 활동을 제시하는 형태로 구성되어 있는데, A교사는 학습자의 흥미를 중요한 평가의 기준으로 삼아 교과서에 제시된 제재를 평가하고 그 결과에 따라 제재와 학습 활동을 재구성해 수업에 적용한다. 도서관 담당 교사로 일하면서 길러진 어린이책에 대한 전문성은 A교사가 적극적으로 교과서를 벗어나 자신의 수업을 만들어 갈 수 있게 하는 토대가 되고 있다.

중등 국어 교사인 B교사 역시 자신만의 문학 수업을 설계하고 실행하기 위해 교과서를 최소한의 보조 자료로만 활용한다. 교과서와 지도서를 중심으로 따라 하는 수업이 아니라 교사가 주체적으로 교육과정에 부합하는 최적의 수업 내용을 구성하고 적용하는 창의적인 문학 수업을 하기 위해서는 교과서 재구성이 필요하다고 B교사는 강조한다.[50] B교사는 교사가 교과서의 뒤에서 쫓아가지 않고 앞장서서 창조적으로 이끌고 갈 때 주도적인 수업 환경을 만들고 수업을 질적으로 변화시킬 수 있다면서 교육과정에 부합하는 최적의 수업 내용을 주체적으로 구성하고 적용하는 데 필요한 교사의 전략을 제시하고 있다. B교사가 제시한 교사의 창의적 구성 전략은 모두 열한 가지인데, 여기에는 교과서를 그대로 따라가지 말고 교과서를 창조적으로 재구성할 것, 수업의 지향점을 학생들과 지속적으로 공유할 것, 지식을 구성하고 인식하는 과정과 방법에 학생들을 참여시킬 것, 보고 듣고 느끼고 만지는 오감을 자극하고 감상을 강화할 것, 생활 및 체험과 연계한 내면화를 통해 실전에 적용하게 할 것, 수업을 통해 교사 자신에게 어떤 성장이 있었는지 성찰할 것 등이 포함되어 있다.[51]

　문학 수업은 인생 수업이며 교육과정도 교재도 수업도 교사도 학생들을 위해 존재한다는 철학을 가지고 있는 B교사는, 학생들이 지식 구성의 주체로 수업에 참여하기를 원한다. 교사의 창의적 구성 전략에서 볼 수 있듯이, B교사는 이를 위해 자신의 수업 맥락을 고려해 교육과정을 새롭게 구성하려 노력하고 있으며 학생들이 활동 자체에 매몰되어 그 활동을 하는 이유와 목적을 놓치지 않게끔 수업의 지향점을 공유하고자 한다. 수업 중에 이루어지는 활동에 참여하는 학생들이 스스로의 사고를 중단하지 않도록 배려하고 교실 안의 문학 체험을 학생 자신의 삶과 연계시키도록 자극한다. 국가 교육과정을 구현한 대표적 사례인 교과서에 매몰되지 않고 교사와 학생이 함께 문학 작품의 수용과 생산 활동에 적극적으로 참여하고 성찰하면서 교수·학습 수준의 교육과정을 만들어 나가는 역동적인 수업을 B교사는 보여 주고 있다. 국가 교육과정은 이러한 교사들의 수업에서 창의적으로 구성되고 다시 쓰이고 있는 중이다.

교육과정 문해력과 교사의 성장

좋은 수업의 요건과 교사의 전문성

수업 평가의 기준과 교육과정 문해력

교사라면 누구나 좋은 수업을 하고 싶어 하며, 좋은 수업은 교사의 전문성과 밀접한 관련성을 지닌다. 그런데 좋은 수업을 한두 마디로 정의하기는 쉽지 않다. 수업을 구성하는 다양한 요소들 중 어디에 초점을 맞추느냐에 따라 좋은 수업을 바라보는 시각이 달라질 수 있기 때문이다. 국내외 연구자들이 좋은 수업을 어떻게 규정하고 있는지 몇 가지 사례를 살펴보면, 구성주의 학습 이론에 토대를 둔 Zemelman, Daniels와 Hyde(1998)는 학생들에게 경험적, 총체적, 실제적, 표현적, 반성적, 사회적, 협력적, 민주적, 인지적, 발달적, 도전적 학습 경험을 제공해 주는 것이 좋은 수업이라고 하였다. 이와 달리 Brophy와 Porter(1987)는 좋은 수업은 전문적 지식에 기반을 둔 사려 깊은 실천thoughtful practice이며 학생들의 학습을 지원하는 것이 그 핵심이라고 보았다. 또한 학생들이 갖고 있는 오개념을 허용하거나 예상하는 수업, 학생들에게 메타인지 전략을 가르치는 수업, 학생들에게 다양한 수준의 학습 목표를 제시하는 수업, 다른 교과 영역과의 통합적 학습 경험이 제공되는 수업을 좋은 수업의 특징으로 제시하였다. 한편 Zimitat(2006)는 학생들이 중요하다고 인식하는 좋은 수업의 요소를 제시하였는데, 학생들은 가르치는 사람이 설명을 잘 해 주는 것, 가까이 가기 쉬운 것, 교과목에 대하여 열정을 가지고 있는 것, 유용한 피드백을 주는 것을 중요하게 생각한다고 한다.[52]

국내 연구자 중 서경혜(2004)는 중·고등학교의 현장 교사와 학생을 대상으로 한 면담을 통해 좋은 수업에 대한 네 가지 관점을 도출하였다. 좋은 수업을 교사가 교과 내용을 명확하고 효과적으로 전달해 주는 수업이라고 보는 전달 관점, 학생들이 자신의 현재 지식을 더 높은 수준으로 재구성할 수 있게 지원하는 수업이라고 보는 구성 관점, 교사와 학생이 활발하게 상호작용하면서 서로 존중하고 신뢰를 쌓아 가는 수업이라고 보는 관계 관점, 의도한 대로 수업을 진행하여 계획한 수업 목표를 성취하는 수업이라고 보는 결과 관점이 그것이다.[53] 그런데 사실 이러한 관점들은 수업의 서로 다른 부면部面

에 초점을 맞추고 있을 뿐 상호 배타적으로 나눌 수 있는 것들이 아니다. 좋은 수업은 교수·학습 내용과 방법, 환경, 평가, 교사의 태도 등 수업을 구성하는 요소들의 복합적인 작용에 의해 규정되며[54] 이러한 요소들을 수업의 내용과 목표에 따라 적절히 배치하고 조율하면서 운용하는 것은 교사의 몫이다.

수업을 구성하는 다양한 요소들을 교실 맥락에 맞게 조율하면서 좋은 수업을 하기 위해서 교사는 어떤 지식과 능력을 갖추어야 할까? 임찬빈 외(2004)에 따르면, 수업 평가의 일반 기준은 학교급, 교과 영역에 관계없이 모든 교사들에게 적용되는 지식과 기술을 정의한 것으로, 좋은 수업을 하기 위해 필요한 교사의 지식, 계획, 실천, 전문성 등을 포괄하고 있다. [표 11]에서 보는 바와 같이, 교사가 좋은 수업을 하기 위해서는 자신이 가르치는 교과의 내용과 방법에 대한 지식, 학생에 대한 이해, 지식을 바탕으로 수업을 설계하는 능력, 계획을 수업 상황에 따라 적절히 조정하면서 수업을 실행하는 능력, 자기반성을 바탕으로 전문성 발달을 위해 끊임없이 노력하는 자세 등을 갖추어야 한다.

이후 수업 평가 일반 기준을 근간으로 각 교과의 특성을 반영한 교과별 수업 평가 기준이 개발되었는데,[55] 교사가 갖추어야 하는 지식과 수업 설계 능력에서 가장 핵심적인 요소로 여겨지는 것이 각 교과 교육과정에 대한 지식과 교육과정 재구성 능력이다. 교사는 국가 교육과정을 정확하게 이해하고 있어야 하며, 그 심층에 놓이는 교과 내용에 대해서도 전문적인 지식을 갖추어야 한다. 또한 교과 내용 및 교수·학습 방법에 대한 지식과 학생에 대한 이해를 토대로 국가 교육과정을 자신의 수업 상황에 맞게 구체적으로 재구성하여

[표 11] 수업 평가 일반 기준 개관[56]

평가 영역		평가 요소 및 진술
대영역	중영역	
지식	I. 교과 내용 및 방법 지식	I-1. 교과 내용 지식
		I-2. 내용 관련 방법 지식
	II. 학생 이해	II-1. 학생의 발달과 학습
		II-2. 학생의 배경지식과 경험
		II-3. 다양한 개인 차-학습 방식, 관심, 학습 속도 등
계획	III. 수업 설계	III-1. 수업 목표 선정
		III-2. 수업 전략 구안
		III-3. 학습 활동 및 과제 부과 계획
		III-4. 수업 자료와 매체, 자원 활용 계획
		III-5. 학생 평가 계획
실천	IV. 수업 실행	IV-1. 수업 목표 및 수업 절차 명료화
		IV-2. 다양하고 적절한 수업 전략 적용
		IV-3. 학습 활동 및 과제 부과
		IV-4. 수업 자료와 매체, 자원의 활용
		IV-5. 집단 운영
		IV-6. 질문과 언어 사용
		IV-7. 피드백 제공
	V. 수업 및 학급 운영	V-1. 상호작용과 존중
		V-2. 학습 동기 유발 및 기대 수준
		V-3. 학생 행동 관리
		V-4. 학급 운영
	VI. 학생 평가	VI-1. 평가 실행
		VI-2. 평가 결과 활용
전문성	VII. 전문성 발달	VII-1. 교사 자기반성
		VII-2. 교사의 전문성 발달 노력(연구)
		VII 3. 동료 교사와의 협력
		VII-4. 학부모와의 관계

수업을 설계할 수 있어야 한다. 그리고 교육과정 문해력은 교과 교육과정에 대한 지식은 물론 교육과정 구성 및 실행 능력, 나아가서는 교육과정 문서에 대한 타당한 비판을 토대로 한 새로운 교육과정의 생산 능력을 아우르는 것으로 교사에게 요구되는 전문성의 핵심에 해당한다.

전문성 신장을 위한 노력의 필요성

수업 평가의 기준에는 교사로서의 전문성을 발달시키기 위한 교사의 자기반성과 지속적인 노력에 대한 평가가 포함되어 있다. 교사가 교육 전문가로 성장해 나가기 위해서는 교실 안에서 좋은 수업을 실천하기 위해 노력하는 한편으로 동료 교사들과 협력하고 교사학습공동체에 참여하여 자신의 경험을 나누고 자신의 전문성을 개발할 수 있어야 한다. 교사의 전문적 학습은 학생의 학습과 밀접하게 연결되어 있기 때문에 교사는 자신의 수업을 개선해 나가기 위해 지속적으로 노력해야 하는 것이다. 자신이 계획하고 실행한 수업의 결과를 비판적으로 분석하고 대안을 모색하면서 교사는 자신의 강점과 약점을 정확하게 파악해 수업 개선에 활용할 수 있다.

또한 교사는 동료 교사들과의 협업을 통해 자신의 수업을 객관적으로 바라볼 수 있게 되고 교과의 교육과정에 대한 지식과 정보를 보완하는 데 도움을 받으면서 교육과정에 대한 문해력을 확장할 수 있게 된다. 교과 관련 연수나 재교육, 연구 활동에 참여하는 것도 교사들에게는 교과 및 수업 전문가로서의 역량을 제고할 수 있는 기회가 된다. 다시 말해 교사의 전문성은 지금 무엇을 알고 있으며 할 수 있는가에 의해서 이미 결정되어 있는 것이 아니라 전문성을 신장시키기 위한 교사 자신의 다양한 노력에 의해 변화해 나가는 것이다.

교육과정 문해력의 성장 사례 1

지금부터는 교사의 교육과정 문해력이 교사 자신의 노력에 의해 어떻게 질적으로 변화할 수 있는지를 구체적인 사례를 통해 살펴보기로 하자. 초등 교사인 C교사는 3년을 연이어 5학년 담임을 맡게 되면서 황선미의 동화《마당을 나온 암탉》관련 수업을 반복해서 진행하게 되었다. 이 과정에서 국어과 교육과정에 대한 C교사의 문해력은 유의미한 변화를 보였다.

국어과 교육과정 문해력과 문학 수업

국어과 교육과정 문해력이란 교육과정 총론 및 국어과 교육과정의 성격, 목표, 내용 체계 및 성취기준 등을 그 심층에 놓여 있는 교과 내용 지식에 대한 이해를 바탕으로 읽어 낼 수 있는 역량을 가리킨다. 국어 교과를 담당하는 교사는 국가 수준의 국어과 교육과정에 대해 표면적으로 드러난 내용뿐만 아니라 그 기저를 이루는 가능성의 영역[57]까지 읽어 낼 수 있어야 하며, 교사 자신의 교육과정을 쓰는 작업은 그러한 읽기를 토대로 이루어질 때 객관적 타당성을 갖출 수 있다. 그리고 수업을 통해 최종적으로 구현되는 교사의 국어과 교육과정은 가능성의 영역에 대한 다층적 탐색의 결과로 산출되는 것이다. 이러한 국어괴 교육과정 문해은 국어 교과만을 담당하는 중등 국어 교사뿐만 아니라 여러 교과를 가르치는 초등 교사가 국어 수업을 설계하고 실행할 때도 요구되는 역량이다.

그리고 국어 교사는 국어 수업을 설계하고 실행하기 위해서 교육 과정의 성취기준이 가리키는 교과 내용 지식에 대해 전문성을 갖추 어야 할 뿐 아니라 다양한 유형의 담화와 글, 문학 작품 등에 대한 전문성을 갖추고 수업에 적절한 국어 자료를 선정해 활용할 수 있어 야 한다. 국어 교과의 하위 영역 중 문학 영역의 수업에서는 특히, 무 엇을 어떻게 읽힐 것인가에 대한 교사의 판단이 매우 중요하게 작용 한다. 문학 수업을 위해 교과서를 비롯한 교육과정을 재구성하려고 할 때, 교사는 국어과 교육과정의 내용을 해석하고 그에 적합한 문 학 작품을 선정할 수 있어야 한다. 이러한 맥락에서 국어 교사에게 요구되는 교육과정 문해력에는 내용 성취기준과 "국어 자료의 예"를 충족시키면서 학생들에게 유의미한 경험을 제공할 수 있는 담화와 글, 문학 작품에 대한 폭넓은 경험과 비평적 안목이 포함된다.

《마당을 나온 암탉》, 그리고 세 차례의 문학 수업

많은 교사들은 교과서의 집필자들이 제시하는 제재나 활동이 자 신이 선정한 것보다 더 타당하다고 믿기 때문에 교과서를 곧 교육 과정으로 간주하고 이미 개발된 교과서를 사용하는 데 만족한다. 물론 교사는 자신이 맡은 교과를 교과서로도 가르칠 수 있으나 교 사 자신의 교육과정을 가르치는 것과 교과서만을 가르치는 것은 엄 연히 다르다. 교사는 교과 교육과정에 대한 스스로의 해석을 토대 로 새로운 교육과정 자료를 구성할 수도 있다. C교사는 2014년에서 2016년에 걸쳐 《마당을 나온 암탉》을 제재로 세 차례의 국어 수업 을 진행하면서 교육과정 재구성의 폭을 점차 넓혀 나갔다.

첫해의 수업은 교과서의 부분적 재구성 수준에서 실행되었다. C교사는 교과서의 내용을 빠짐없이 지도하면서 약간의 대체 활동을 구성하는 수준, 즉 기능적 수준과 구성적 수준 사이의 교육과정 문해력을 보여 주었다. C교사는 교과서의 내용은 내용대로 다루되 추가적으로 활동을 보충하거나 성격이 비슷한 다른 활동이 있을 경우 그것으로 대체하여 수업하거나 또는 학생들에게 제시하는 자료를 조금 변형하여 다르게 제시하는 정도에 머물러 있었다. C교사는 교과서에 제시된 활동 순서대로 수업을 진행하되《마당을 나온 암탉》을 보다 제대로 감상하기 위해서는 이야기 전체 내용을 아는 것이 좋겠다고 판단했다. 교과서에는《마당을 나온 암탉》의 일부분과 함께 전체적인 줄거리를 짐작할 수 있는 자료가 실려 있었지만, 그것만으로는 작품 전체를 이해하고 감상하는 데 한계가 있었기 때문이다. 하지만《마당을 나온 암탉》이 장편 동화인 점을 감안하면 현실적으로 학생들과 작품 전체를 읽는 것은 어렵다고 생각해 2011년도에 개봉한 애니메이션 〈마당을 나온 암탉〉을 창의적 체험활동 시간과 국어 시간을 각 한 시간씩 활용하여 감상하는 것으로 전체 내용 파악하기를 대체하였다. 결과적으로 애니메이션은 작품에 대한 깊이 있는 감상을 이끌어 내지 못했고, C교사는 가능하면 교과서에 나온 작품은 원본을 읽어야 하고 장르를 바꾼 작품은 신중하게 살펴보고 수업에 적용해야 한다는 교훈을 얻었다.

이듬해의 두 번째 수업은, 교육과정에 대한 한층 깊이 있는 이해를 바탕으로 실행할 수 있었다. 2015년에는 5~6학년군에 적용되는 국가 교육과정이 2007 개정 교육과정에서 2009 개정 교육과정으로 바뀌기는 했지만 교과서상으로는 몇몇 단원이 중복되거나 내용이 비슷한 경우들이 있어서 C교사는 첫해에 비해 수월하게 수업을 준비할 수 있었다. 교육과정의 전체적인 내용에 어느 정도 익숙해졌고 연계할 교과와 단원 등을 파악했기 때문이다. 주제에 따라 교과와 단원들을 연계하여 지도하면서 교육과정 운영에 약간의 여유가 생겼고, 그 시간에 교과서 외에 추가적으로 하고 싶은 활동들을 학생들과 함께 할 수 있었다. 마침 '교실 수업 개선 실천 사례 연구 발표 대회'에 문학 수업으로 참여하게 되어 C교사는 5학년 국어 교과서에 나오는 문학 작품들을 면밀하게 살펴보고 분석해 보았다. 국가 교육과정의 성취기준과 교과서에 수록된 작품의 선정 이유를 이해하고 나서 C교사가 제일 먼저 시작한 것은 온책읽기 활동이었다. 교사가 책을 준비하여 실물 화상기로 찍어 화면에 띄운 다음 낭독해 주는 방법으로 단위 차시 수업을 벗어나 학생들 모두가 《마당을 나온 암탉》을 읽고 감상할 수 있도록 하였다. 그리고 주제와 중심인물을 중심으로 작품을 읽는 방식을 극복하고 여러 인물들에 주목하면서 작품의 의미를 다채롭게 읽을 수 있도록 안내했다. 작품을 보다 제대로 꼼꼼하게 감상하고 나자, 학생들의 감상이 풍부하고 다양해졌다. 학생들이 주목하는 인물도 다양해졌고 자신의 경험과 작품 속 인물의 경험을 적극적으로 연결시키다 보니 2009 개정 국어과 교육과정의 5~6학년군 문학 영역 성취기준인 "문학 (1) 자신이 좋아하는 문학 작품을 들고 그 이유를 말한다", "문학 (7) 자신의 성장과 삶에 영향을 미치는 작품을 즐겨 읽는 태도를 지닌다"에 자연스럽게 도달할 수 있었다.

이러한 변화는 국어과 교육과정과 《마당을 나온 암탉》에 대한 교사 자신의 이해가 심화되고 국어 수업의 방법에 대한 교사의 관심이 반영된 결과라고 할 수 있다. 이 시기 C교사는 교육과정 운영에 있어 자율성의 영역을 넓히면서 교육과정 전달자에서 개발자로 전환할 수 있는 토대를 마련하였다.

5학년 담임을 3년 연속으로 맡으면서 C교사는 수업 연구를 더 하기보다는 기존에 준비하고 실행했던 수업 내용과 방법을 많이 활용하게 되었다고 한다. 2년 차에는 첫해의 수업 내용을 수정·보완하기 위해서 더 연구하고 살펴보았지만 3년 차가 되자 기존의 방식대로 수업을 하는 경우가 많아진 것이다. 하지만 국어과에 관심이 많아 대학원에서 초등 국어교육을 전공하고 있었고 연구 대회에도 출전했던 C교사는, 3년 차에도 국어, 특히 문학은 그동안의 시행착오와 수업 연구의 결과를 바탕으로 다양한 방법으로 교육과정을 재구성하고 수업에 적용하였다. 교육과정에 대한 이해의 폭이 커지고 작품에 대한 이해도 심화되면서 보다 적극적으로 교육과정을 재구성하였고 교과서 활동에도 크게 얽매이지 않게 되었다.

앞선 두 번의 경험을 바탕으로 세 번째 수업에서 C교사는 국가교육과정의 내용 성취기준과 《마당을 나온 암탉》을 적합하게 녹여낼 수 있는 수업을 적극적으로 설계하였다. 구체적으로 C교사는 온책읽기와 슬로 리딩slow reading이라는 읽기 방법에 담긴 문제의식을 학생들과 함께 작품을 읽고 감상하는 과정에 반영했고, 교과서에 제시된 학습 활동의 순서는 물론 단원 내의 차시 구성에 대해서도 교사 자신의 해석을 바탕으로 변화를 주면서 수업을 설계하고 실행했다. C교사는 《마당을 나온 암탉》의 내용에서 5학년 타 교과의 내용 및 진로, 다문화, 통합 수업 등 창의적 체험활동 내용과 관련 있는 부분은 일부 연계하여 지도하는 방식으로 수업을 확장하기도 했다. 3년 차 수업에서 C교사의 국어과 교육과정 문해력은 앞선 시기보다 더 발전된 모습을 보이고 있다. 단순히 교육과정을 전달하는 역할을 넘어서서 자신만의 교육과정을 개발하면서 수업을 구성하는 교육과정 전문가로의 변화를 보여 주고 있는 것이다.

교육과정에 대한 인식의 전환과 교육과정 문해력의 변화

이상에서 살펴본 바와 같이, 3년 동안 세 차례에 걸쳐 진행된《마당을 나온 암탉》수업의 설계와 실행, 성찰의 경험을 통해 C교사의 교육과정 문해력은 의미 있는 변화를 보여 주었다. 첫해 기능적 수준 또는 입문 수준이었던 교육과정 문해력이 셋째 해에는 비판적 수준의 시작 단계 또는 심화 수준까지 변화한 것이다. 이 과정에서 C교사는 국가 수준 교육과정에 대한 인식의 변화를 겪었고, 교육과정에 대한 인식이 바뀌자 비로소 자신의 교육과정을 쓸 수 있게 되었다고 한다.

C교사의 수업 사례에서 국어과 교육과정 문해력의 변화는 크게 세 가지 차원으로 나누어 분석해 볼 수 있다. 3년 동안 세 차례에 걸쳐 진행된 문학 수업의 설계와 실행, 성찰의 경험을 살펴보면, 첫째, 교과서에서 교육과정으로 교사의 시선이 이동하면서, 둘째, 문학 작품에 대한 교사의 이해가 심화되면서, 셋째, 문학 수업의 실행과 관련한 방법론적 고민을 거듭하면서 교사의 교육과정 문해력이 질적으로 성장하는 양상을 보이고 있다.

먼저 C교사에게 국어과 교육과정과 관련한 가능성의 영역은 점차 확대되는 추이를 보이고 있다. C교사는 자신에게 있어 교육과정의 의미가 교직에 들어오기 전 임용 시험을 준비하던 시기, 발령을 받은 후 1~3년 차의 저경력 시기, 4년 차~현재 등 시기별로 변화해 왔다고 한다. C교사는 교육대학교에서 교육과정이라는 말을 여러 번 들었지만 임용 시험을 준비하면서 국가 교육과정의 실체를 처음 접했고, 당시 그에게 교육과정이란 '외워야 하는 문서'에 불과했다. 교육과정 총론과 각론이 있고, 그것을 해석해 놓은 교육과정 해설서와 교과서, 그리고 교과서를 어떻게 지도해야 하는지에 대한 설명이 담겨 있는 지도서가 있다는 체계를 배우기는 했다. 그러면서 기계적으로 교육과정과 교과서의 연결 고리는 찾아 외웠지만 교육과정을 충분히 이해하고 해석하여 왜 이런 교과서 활동이 나온 것인지를 파악하는 데까지 나가지 못한 채 교육과정을 암기의 대상으로 여겼던 것이다.

1~3년 차의 저경력 시기에도 이러한 생각은 크게 달라지지 않았다. C교사는 임용 시험을 준비하던 시기에는 국가 교육과정의 내용을 외우기라도 했지만 교직 사회에 나와서는 그조차도 기억이 나지 않았고 교육과정을 인식조차 하지 못하는 상태에 놓여 있었다고 회상했다. 처음 발령을 받고 학교 행정 업무나 학생 지도 면에서 능숙하지 못했기 때문에 교육과정을 살펴보고 이해하여 자신만의 수업을 구상해 볼 수 있는 시간 자체가 거의 없었던 것이다. 그러다 보니 수업은 주로 교과서만 살펴보고 진행하였고, 가끔 장학 수업을 할 때나 관련 차시의 지도서를 참고하였다. 이 시기 그에게 교육과정은 '실체가 보이지 않는 상위 문서'였다. 그러다 3년 차에 학교를 옮긴 C교사는 '1 교사 1 연구 대회 참가'를 권장하는 학교의 문화에 자극을 받으면서 사신의 역량을 수업으로 보여 줘야 한다는 생각에 개인적으로 관심을 가지고 있던 국어 수업을 연구하기 시작했다.

C교사는 《마당을 나온 암탉》의 첫 수업이 이루어진 2014년도에 수업 연구를 하면서 발령을 받은 후 처음으로 교육과정 총론을 살펴보게 되었다. 임용 시험을 위해 무작정 외울 때와는 달리 국가 교육과정이 말하는 바가 무엇인지 조금은 더 이해가 되었고 교과서에 교육과정이 어떻게 구현되었는지 더 잘 파악할 수 있었지만, 국가 교육과정을 완벽히 이해하였다고 할 수는 없었고 교과서가 아닌 교육과정을 가지고 수업을 설계하는 것은 너무 어려웠다고 한다. 이후 C교사는 2015년도에, 앞서 언급한 수업 연구 대회에 참가하여 1년간의 교육과정을 새롭게 계획해 보게 되었다. 이 과정에서 교과서가 아닌 교육과정의 성취기준을 살펴보게 되었고 이에 따라 교과서의 활동 및 내용을 수정·보완하는 작업을 하였다. 그리고 여러 번의 수업 공개와 동료 교사와의 협의회를 통해 그 내용을 점검하였고, 이 과정을 통해 교과서가 왜 그렇게 집필되었는지, 학습 목표가 왜 그렇게 서술되어 있는지 등을 조금은 더 이해할 수 있게 되었다. 이 시기의 C교사는 교육과정을 '수업을 연구할 때 참고해야 하는 지침서'라고 생각했다.

외워야 할 문서, 실체가 없는 상위 문서였던 국가 교육과정이 수업을 연구할 때 참고해야 하는 지침서가 되면서 C교사는 교육과정을 읽고 쓰는 능력을 본격적으로 발휘할 수 있게 되었다. 그러나 그는 아직도 교육과정을 완벽히 이해하고 자신의 것으로 만들었다고 하기에는 부족함이 있다고 느꼈다. 교과서의 활동으로부터 예전에 비해 자유로워졌고 학습 목표에 더 적합한 활동을 구안하는 것에는 어느 정도의 전문성이 생겼으나, 학습 목표가 아닌 성취기준을 가지고 수업을 구상하는 것은 자신이 없었기 때문이다. 하지만 계속된 수업 연구와 다양한 수업 실행 및 성찰의 경험을 통해 C교사는 교과서의 학습 목표는 교과서의 집필진들이 국가 교육과정을 이해한 바에 따라 설정한 것이고 이는 '수정 가능하다'는 결론에 도달하였다. 2016학년도에 C교사가 교육과정 개발자로서의 변화를 보일 수 있었던 것은 국가 교육과정과 교과서에 대한 이러한 인식의 변화와 무관하지 않다.

　C교사의 국어과 교육과정 문해력이 성장하는 과정과 맞물려 있는 또 다른 요소는 수업이 이루어진 3년 동안 국어 자료, 구체적으로는 《마당을 나온 암탉》에 대한 교사 자신의 이해 수준이 심화되었다는 것이다. 처음에 그는 작품의 표면에 드러난 주제에 주목해 수업을 설계하고 실행했다. 《마당을 나온 암탉》의 표면적인 주제는 '꿈을 이루기 위한 노력, 용기'라고 생각했고, 교사가 교과서를 보완하기 위해 선택한 애니메이션에서는 '잎싹, 초록머리, 나그네 대 족제비'의 갈등 구조만이 도드라져 보였다. 게다가 다소 교과서의 흐름대로 수업을 진행하다 보니 학생들의 감상도 작품의 표면에 드러난 주제, 대립하는 인물들 간의 갈등이나 중심 사건에만 초점이 맞춰졌다.

　그러나 두 번째 수업을 준비하면서 C교사는 인물을 중심으로 동화의 내용을 분석했고, 이 작품이 굉장히 여러 인물들을 다루고 있으며 특히 어떤 인물의 관점에서 보는지에 따라 독자가 이야기에서 받을 수 있는 감동이나 주제가 달라질 수 있다는 것을 알게 되었다. '잎싹'의 관점으로 작품을 보면 앞서 언급한 주제와 관련하여 감상할 수 있으나 '족제비'나 '청둥오리'의 관점에서 보면 '부모의 사랑, 희생' 등을 읽어 낼 수 있고, '초록머리'의 관점에서 보면 '자아 성장, 다름에 대한 이해' 등의 메시지를 읽을 수 있기 때문이다. 이러한 분석을 바탕으로 C교사는 《마당을 나온 암탉》을 생략이나 변형 없이 온전한 작품으로 함께 읽을 수 있도록 수업을 계획하여 학생들이 보다 깊이 있게 작품을 감상할 수 있도록 하였다. 작품의 일부분만 발췌 수록한 교과서의 한계를 넘어섬과 동시에 문학 수업이 학생들에게 제공하고자 하는 이상적인 독서와 감상의 경험을 제공했으며, 교사의 교육과정 문해력이 교육과정 문서 이면에 놓인 교육과정 가능성의 범위에까지 폭넓게 작용하게 된 것이다.

또한 C교사의 문학 수업에 대한 관심은 온책읽기나 슬로 리딩과 같은 읽기 방법에 대한 고민으로 이어졌고 대학원 수업과 연수 등을 통해 확장된 국어 교과 지식은 수업에 적극적으로 반영되었다. 온책읽기나 슬로 리딩은 국어 교과서에 수록되는 과정에서 변형된 문학 작품을 읽히는 것이 아니라 원작 그대로의 문학 작품을 읽혀야 한다는 고민을 담고 있다는 점에서 이러한 방법을 도입하는 것만으로도 교사의 교육과정은 교과서 너머에 있는 교육과정 가능성의 영역을 포함하게 된다. 문학 작품을 다른 작품으로 대체하는 경우라면 국어 자료의 예를 포함하는 국어과 교육과정에 대한 교사의 문해력을 한층 선명하게 보여 주는 사례가 될 수 있다. 그러나 C교사는 《마당을 나온 암탉》의 가치에 주목했고 단위 수업의 경계를 넘어서 작품 전체를 감상할 수 있는 방법을 찾음으로써 교육과정의 자율성을 확보했다. 그리고 학생들은 온책읽기와 슬로 리딩의 방법으로 《마당을 나온 암탉》 전문을 읽고 난 후 이루어진 수업에서 국어과 교육과정의 성취기준에 더 깊이 도달할 수 있었다. 이를 통해 교사가 수업을 개선하기 위해 다양한 교육 프로그램에 참여함으로써 국어과 교육과정에 대한 지식과 국어 교과 내용에 대한 지식, 국어

과 교수·학습 방법에 대한 지식을 확대해 나가는 것이 국어과 교육
과정 문해력의 성장에 기여할 수 있음을 확인할 수 있다.

교육과정 문해력의 성장 사례 2

의미 있는 사회 수업을 위한 고민과 도전

　교직 경력 5년 차인 D교사는 초등학교에서 학생들을 가르치면서
교과서 없이 교육과정을 전면 재구성하여 수업을 해 나가고 있다. D
교사가 현재 근무하는 E초등학교는 혁신학교로 일종의 '배움의 공
동체'와 같은 역할을 하고 있다. 이 학교에서는 수업과 평가에 대한
'자율성'이 보장되며, 이는 교사로서 '해 보고 싶은 걸' 할 수 있는 여
건을 제공해 준다. 또한 이 학교에는 수업에 대한 고민을 나눌 수 있
는 '동료'가 있다. D교사의 동료 교사들은 D교사가 기존에 생각해
왔던 것들, 예컨대 '좋은 수업이란 이러이러한 것이다'와 같은 생각
들에 대해 '물음표'를 던지며, 교사로서 더 열심히 살고 싶게 만드는
존재들이다. 3년 차까지 근무했던 이전의 학교에서 D교사는 자신
이 하고 있는 수업을 다른 교사들이 어떻게 받아들일지 몰라 수업
에 대한 얘기를 '밖'에서는 하지 않았다. 하지만 E초등학교의 교사들
은 사회에 대한 가치관이 비슷한 사람들이 모여 있어서 그와 관련된
어려움은 겪지 않았다. 이처럼 혁신학교에는 D교사가 하고 싶은 수
업을 할 수 없게 하는 '장애물'이자, 다른 한편으로는 원하는 수업을
하지 않아도 되는 '보호막'의 역할도 했던 장애 요인들이 없다. 그래
서 더 이상 원하는 수업을 하지 못하는 이유가 주변 환경 탓이라는

식의 '변명'은 할 수 없게 만든다.

D교사는 사회 과목이 좋아서 교육대학교에서 사회과를 심화 전공으로 선택했으며 여전히 자신의 전공에 자부심을 갖고 있다. '사회나 역사 과목에서는 탐구가 핵심'이라는 학과 교수님의 말씀이나 '사회과 교육의 실제' 강의에서 배웠던 내용들도 아직 기억에 남아 있다. 교직에 첫 발령을 받고 나서 3년 차까지 전부 5학년을 맡았던 것도 역사 영역을 가르치고 싶어서였다. 그런데 D교사가 5년째 난항을 겪고 있는 과목이 바로 사회로, 사회 수업은 현재 그의 '교직 인생을 불행하게 하는 악의 축을 담당'하고 있다.

D교사는 역사에 대한 자신의 관점이 형성되는 과정을 크게 세 단계로 구분하였다. 맨 처음으로 거슬러 올라가 D교사의 역사의식 형성에 영향을 준 사람은 열아홉 살 고등학교 시절 담임 선생님이었던 근현대사 선생님이다. 그분은 수업 중에 자신의 가치에 대해서 한마디도 하지 않았지만 D교사는 자신에게서 그 선생님의 모습을 발견하곤 한다. 그러나 그보다 더 크게 영향을 받은 것은 유명 강사가 진행했던 근현대사 교과 인터넷 강의였다. 교과서에서는 접하지 못했던 우리나라 현대사 이야기를 인터넷 강의를 통해 접하면서 D교사는 '세상이 뒤집히는 느낌'을 받았다. 그러다 스무 살 대학 시절, 학생운동에 참여하면서 또 한 차례 역사에 대한 관점이 윤곽을 잡아 가는 느낌을 받았다. D교사가 말하는 학생운동은 미국산 소고기 수입 파동에서 비롯된 2008년 촛불시위를 말하는 것으로, 서울에서 길거리 시위에 참여하면서 '해방감'을 맛보았다. 현재는 보수는 나쁘고 진보는 다 좋다는 식의 오래된 이분법적 사고에서 벗어나고 있는 중이다.

신임 교사 시절, D교사는 역사를 잘 가르치기 위해 초등 교사들의 온라인 커뮤니티에서 찾아낸 괄호 넣기 자료들에 많이 의존했다. 그때 D교사가 생각했던 '잘 가르치는 교사'란 시험 결과가 말해 주는 것이었다. 그러나 괄호들을 다 채우고 나자, '역사에서 뭘 이야기해야 하는지, 무엇을 가지고 이야기해야 하는지'라는 새로운 질문에 부딪히게 되었다. 이처럼 사회와 역사를 통해 아이들과 하고 싶은 이야기가 무엇일지 고민을 거듭하면서 D교사는 다음과 같은 몇 가지 결론에 도달하게 되었다. 첫째, 우리가 사회에 둘러싸여 있다는 점을 알고, 우리 사회에 무슨 일이 있는지 알아보자. 둘째, 우리가 살고 있는 사회가 어떤 사회인지를 자신의 언어로 해석할 수 있으면 좋겠다. 셋째, 사회에서 찬반이 대립하는 다양한 사건들을 다루면서 자신의 생각과 가치관을 만들어 갔으면 좋겠다. 이런 생각에 이르게 되자, 사회 수업은 가장 어려운 수업이 되었고 아직까지도 '수업이 무너진다는 느낌'을 받고 있다.

D교사가 생각하기에 사회 수업을 어렵게 만드는 요인들은 다음과 같다.

첫째, 사회 교과서에 너무 많은 내용들이 담겨 있다. 그는 평소 교과서 말고 다른 자료를 쓰더라도 교과서에 어떤 내용이 다뤄지고 있는지는 살펴본다. 예를 들어, 6학년 1학기 사회 교과서에 나오는 '우리나라 기후 변화의 특징'만 보더라도, 처음 접하는 등온선 읽는 방법, 우리나라 1월과 8월의 강수량 비교, 남북의 기온차, 다양한 지역 강수량의 차이, 위도에 따른 계절풍의 차이, 기후 변화에 따른 가옥 구조의 변화 등을 한 차시에 다루도록 되어 있다. D교사가 생각하기에 현재 교과서에서 제시하는 학습 내용은 너무 많을 뿐 아니라 너무 어렵기도 하다. 이런 내용을 가르칠 때는 학생들에게 어떤 자료를 줘야 하는지 고민이 된다.

둘째, 사회 교과서에는 역사에 대한 새로운 해석이나 학설이 제시되어 있지 않다. 교과서에서는 정조를 애민군주라고 하지만 반대로 정조가 세계 정세에 어두워 조선을 더 폐쇄적인 국가로 만들었다는 비판이 존재한다. 또 교과서에서는 중농주의, 중상주의까지 구분해서 다루지만 학계에서는 실학의 실체라는 것은 없다는 학설도 있다. 이런 상황에서 교과서에 나와 있는 대로 가르치는 것이 맞는 것인지 고민이 된다.

셋째, 사회 교과서에는 학생들에게 큰 의미 없는 사례들이 제시된다. 예를 들어 '인권'에 대한 부분에서 제3세계 아이들의 어려운 상황에 대한 사례가 제시되는데, 그 사례가 인권을 배우는 과정에서 학생들에게 과연 얼마나 의미 있게 다가갈지 의문이다. 그런데 막상 학생들의 삶에서 의미 있는 자료나 사례를 찾으려고 할 때는 그것이 적합한 것인지 판단하기 어렵다.

넷째, 사회 교과서에는 논란이 될 수 있는 내용들이 있다. 예를 들어, 6학년 1학기 2단원에 제시된 '국토 개발'에 대한 내용은 국토 개발 자체의 옳고 그름에 대해 생각해 볼 필요가 있는 주제이다. 그러나 교과서 내용은 국토 개발이 필요하다는 것을 전제로 한다. 이처럼 논란이 될 수 있는 내용에 대해서 어떻게 수업을 해야 될지 모르겠다는 생각이 든다.

다섯째, 사회적으로 논란이 되는 내용을 다룰 때 더 어려운 점은 교사 자신이 가치 편향적인 존재라는 점이다. D교사는 4대강 사업을 반대하고, 국민으로서 기본적 의무를 아는 것보다 인권에 대해 배우는 게 더 중요하다고 생각한다. 교육과정이나 교과서에는 나오지 않지만 제주 4.3 사건에 대해 다루고 싶다. 수업에서 이런 내용에 대해 다룰 때는 '마음이 쿵쿵거리는 불안함'이 있다.

여섯째, 자신이 재구성한 사회 수업이 학생들에게 의미 있는 것인지 확신하기 어렵다. 예를 들어, 2016년 2학기에 권리의 충돌을 가르치기 위해 양심적 병역 거부, 드론, 잊힐 권리, 청소년 스마트폰 앱 규제 등에 대한 아이디어를 제시했을 때, 일부 동학년 교사들이 학생들 입장에서 재미가 없을 것 같다고 말했다. 이런 동료 교사들의 부정적 평가 앞에서 '자신감'이 떨어지고 학생들 입장에서 의미 있는 자료가 무엇일지를 찾기 어렵다는 생각이 든다.

이상의 많은 어려움들로부터 D교사가 도달한 결론은 '교사 자신'이 문제라는 것이다. 즉 사회 수업을 하기 어려운 것은 교사가 '교과나 주제에 대한 이해나 안목이 부족'하기 때문이다. 수업에서 '무엇을 다루어야 하는지', '무엇이 중요한지'를 모르는 것이다. D교사가 생각하기에 사회 수업은 단지 교육과정뿐만이 아니라 우리 사회 자체에 대한 안목도 요구한다. 사회에 대한 안목에는 우리 사회에 대한 이슈, 지식, 상식 들이 포함된다. 이런 '안목의 부재'는 D교사가 수업 시간에 학생들에게 자신의 이야기를 전달하는 것에 대한 '두려움'과 '불안함'을 낳는다. D교사가 역사 수업 강의에서 만난 한 선생님은 역사 수업을 하는 것은 아이들에게 '점을 찍어 주는 것'이라고 표현했는데, 자신은 그렇게 하지 못하고 있는 것이다.

그래도 D교사가 기억하는 좋은 사회 수업들도 있다. '잘된 수업'의 특징을 살펴보면, 수업 자료나 질문이 간결하지만 담고자 하는 내용이 명확하고 주제의 핵심을 관통하는 것들이었다. 또한 학생들이 자기 언어로 수업의 주제를 잘 정리해 낸 것들이었다. 예를 들어, 8.15 해방을 다룬 수업이 최근에 경험한 가장 잘된 수업이었다. 그 수업에서 D교사는 맥아더의 포고문 〈조선 인민에게 고함〉과 일장기가 내려가고 성조기가 올라가는 장면을 담은 사진을 자료로 제시하고 학생들에게 의문이 가는 부분을 찾아보도록 했다. 학생들은 일장기가 내려간 자리에 성조기가 올라갔으니까 일본은 물러갔는데 우리는 미국의 식민지가 될 수도 있는 것 아니냐며 의문을 가졌다. D교사는 그것이 1948년 8월 15일의 핵심이라고 생각했다. D교사가 제시한 두 개의 자료만으로 학생들이 스스로 조선에 찾아온 해방에 대해 의문을 품으면서 교사가 의도한 수업의 주제에 도달할 수 있었다는 점에서 그 수업은 D교사가 생각하는 좋은 수업의 요건에 부합했던 것이다.

지금에 이르러 D교사는 과연 초등 사회, 초등 역사를 가르친다는 것이 무엇일지에 대해 고민하고 있으며, 또 수업을 잘하기 위해서는 아이들에 대한 이해가 중요하다는 점에 대해서도 새삼 느끼고 있다. 그리고 자신이 직면해 있는 사회나 역사 수업의 위기를 동료와 함께 극복할 수 있기를 바란다.

교육과정 문해력의 성장, 그 의미와 한계

사회과교육 전반에 대한 탐구와 자신의 수업에 대한 성찰을 토대로 D교사는 상당히 큰 폭의 교육과정 재구성을 시도하고 있다. D교사의 파격적인 재구성은 현 교과서에서 나타나는 문제점들에 대한 인식과 좋은, 잘된 사회 수업에 대한 그의 고민들이 부딪히는 과정에서 나타난 결과로 볼 수 있다. D교사가 보기에 기존 교과서는 초등학생들의 수준에 비추어 너무 어려운 내용을 너무 많이 담고 있으며, 교과서에 제시된 사례들도 아이들이 의미를 발견하기 어려운 경우들이 많다. 또한 실제 사회에서 논란이 되거나 비판이 제기되는 내용들이 마치 정답처럼 제시되어 있다. 이러한 사회 교과서는 사회를 보는 나름의 관점을 갖고 있는 D교사의 눈에 그대로 가르치기에는 문제투성이인 것이다.

그런데 교과서 내용에 대해 괄호 넣기 식의 수업을 하다가 '교과서를 버린다'고 표현할 정도의 재구성을 시도하면서 D교사는 큰 도전에 직면하게 되었다. 바로 사회 수업에서는 무엇에 대하여, 무슨 자료를 가지고, 어느 정도 범위에서 가르쳐야 하느냐는 것이다. 그 과정에서 계속 그를 괴롭히는 것은 그 수업의 핵심이 무엇인가라는 질문에 답하기 어렵다는 점이다. D교사는 그 이유를 국가 교육과정은 물론 우리 사회에 대한 자신의 이해와 안목이 아직 부족하다는 점에서 찾는다.

주어진 교과서를 있는 그대로 가르치는 대신 교과서 텍스트에 내포된 문제를 포착하여 대안적 수업을 마련하고 있다는 점에서 D교사의 사회과 교육과정 문해력은 일종의 비판적 수준의 특성을 보이는 것으로 평가할 수 있다. D교사의 교육과정 문해력의 수준은 괄호 넣기를 하던 때와는 비교하기 어려울 만큼 질적으로 다른 단계에 이르렀으며, 그는 교육과정을 비판적으로 읽고 새롭게 쓰고 있는 것이다. 그런데 기존의 사회과 교육과정이나 교과서에 대해 문제의식을 갖는다는 것과 이에 적합한 대안을 마련할 수 있다는 것은 별개의 문제이다. 이런 점에서 D교사는 교육과정 문해력의 비판적 수준에 진입했지만, 자신의 비판적 문제의식을 바탕으로 대안적인 수업을 실천하기에 필요한 역량은 아직 충분히 갖추지 못한 상태이다. 이로 인해 문제의식이 커지는 만큼 자신의 사회 수업에 대한 효능감은 낮아진 상태라고 할 수 있다.

D교사의 문제의식을 뒷받침해 주기 위해서는 사회과 학습 주제 하나하나에 대한 학문적 지식과 관점을 갖출 필요가 있다. 이는 사회과만을 전공하는 중등 사회과 교사에게도 쉽지 않은 일이다. 더구나 초등학교에서는 역사, 지리, 일반사회라는 방대한 주제 영역을 모두 다룬다는 점에서 더욱 어렵다. 하지만 중요한 것은 교사 자신의 교육과정을 완벽하게 쓸 수 있을 때까지 기다리는 것이 아니라 국가 교육과정에 대해 질문을 던지고 그 답을 얻기 위해 노력하는 것, 더 타당한 답을 찾을 수 있는 역량을 기르기 위해 교과의 교육 내용에 대해 탐구하는 한편으로 자신의 수업을 성찰하고 동료 교사와 협력해 나가는 것이 아닐까.

지금까지 살펴본 C교사와 D교사의 사례가 각 교과를 가르치는 교사가 갖출 수 있는 교육과정 문해력의 정점을 보여 주지는 못한다. 두 교사의 사례는 교사 자신의 노력 여하에 따라 교육과정 문해력이 충분히 성장할 수 있으며, 교과서 너머의 교육과정에 대한 인식과 교사 자신의 교육과정에 대한 성찰이 그 성장의 출발점이라는 것을 보여 준다. 더 좋은 수업을 하기 위한 고민을 놓지 않는 이들에게 교육과정 문해력의 성장은 완료형이 아니라 현재진행형이다. 국가 교육과정을 적극적으로 탐색하고 교과의 교육 내용에 대해 학문적 관심을 기울이면서 두 교사는 새로운 과제에 봉착하고 또 그 과제에 대한 답을 찾아가는 중이다.

Chapter 3

교육과정 문해력 논의의
쟁점과 전망

교육과정은 일정한 프로그램 안에서 학습해야 할 내용 항목을 가리키는 말로 사용하기 시작하였으나 이제는 학생들이 학습해야 할 내용 항목뿐만 아니라 교육의 목적, 교과 편제, 과목별 이수 시간, 성취기준, 교수·학습 방법, 평가에 관한 사항도 포함하는 말이 되었다. 교육 활동의 세부 사항을 담은 교육과정은 학생들이 언제, 어디서, 무엇을, 어떻게, 학습해야 하는지를 제시하여 교육 활동을 구현하는 교사에게 교육의 방향을 안내하는 역할을 한다. 교사는 교육과정이 규정하는 교육의 전체적인 계획의 테두리 안에서 세부 교육 활동을 계획하고 실행하게 되고 그 결과로 각 교실에서는 교육과정이 의도한 일관성 있는 교육이 이루어질 수 있다.

　교육과정은 각 교육 현장에서 일관성 있는 교육이 이뤄지도록 교육 방향과 내용을 계획하여 안내하지만, 교실 현장에서는 교육과정에서 의도한 교육 활동이 이뤄지지 않을 수도 있다. 교실은 다양한 학생들로 구성되며 각 학생들은 사회적·문화적 배경이 서로 다르다. 학생들의 사회적·문화적 배경에 따라 학생들이 가진 배경지식이나 흥미는 서로 다를 수 있으며 이러한 차이는 교육 활동에서 서로 다른 다양한 반응으로 나타난다. 교실을 구성하는 학생들의 상호관계에 따라 교실 전체의 사회·문화적 특성이 다양할 수 있다. 교실을 구성하는 학생의 수에 따라 학생들 사이의 관계의 양상이 다를 수 있으며, 교우 관계와 같은 다양한 사회적 요소에 의해 특정한 교실 상황이 만들어질 수 있다. 학생들의 사회·문화적 배경이 다른 만큼 학생들이 만드는 교실의 사회·문화적 특성도 다양할 수 있다. 학생의 다양성, 교실 상황의 다양성에 더하여, 교육과정의 실행에서 중요한 역할을 하는 교사의 영향도 교실 상황의 다양성을 높인다. 교사는 교육과정을 바탕으로 교육 활동을 주도하지만 교사의 교육철학, 사회·문화적 배경에 따라 교육과정을 적용하는 방법, 교수·학습 방법, 학급 경영 방법이 달라질 수 있다. 학생의 다양성, 교실 상황의 다양성, 교사의 다양성은 교육 현장의 상황을 다양하게 만들고, 다양한 교육 현장 상황은 교육과정이 모든 교육 현장에 동일하게 적용되기 어렵게 만든다. 교육 현장의 다양성은 매우 높고, 매시간 새롭게 구성되는 교실 상황의 다양성을 예측하여 적절한 교육 활동을 실행하는 것은 어려운 일이다. 다양한 교육 환경의 매 상황에 맞춰서 교육한다고 하더라도, 현장의 요구를 반영하여 교육과정의 세부 사항을 변경하다 보면 교육 활동에서 지향해야 할 방향을 잃을 수도 있다.

교육과정은 교육을 제공하는 국가의 관점에서 국민에게 필요한 적절한 교육을 일관성 있게 제공하기 위해 교육의 방향과 내용의 세부 사항을 안내하는 문서이다. 교육과정 문서가 교육 현장의 다양성을 모두 담을 수 없기 때문에 교육과정 문서의 내용은 포괄적인 성격을 띠고 있으며, 개별 학생을 대상으로 하는 교육 현장에 직접 적용할 내용은 아니다. 교육과정의 내용은 교사를 통해 교육 현장에 구현된다. 교사는 교육과정 문서 또는 교육과정 문서에 따라 집필된 교과서와 교사용 지도서 등을 근거로 교육 현장에 교육과정을 실행한다. 이때 교육과정 실행의 형태가 다양하게 나타난다.

교육과정 문서에 담긴 교육과정과 교육 현장에서 실행된 교육과정의 유사성에 초점을 두고 교육과정 실행의 유형을 크게 두 가지로 나눌 수 있다. 한 가지는, 교육과정 문서의 내용과 실행한 교육과정의 내용이 같거나 비슷한 유형이다. 이 유형은 교육과정 문서의 내용을 변형하지 않고 최대한 그대로 적용하여 교육과정 문서의 내용과 같은 내용을 교육 현장에 가르치는 경우이다. 다른 유형은 교육과정 문서의 내용과 완전히 다른 새로운 내용으로 교육과정을 구성하여 실행하는 유형이다. 이런 유형은 교육 목표, 교육 내용, 교육 방법 등 교육과정 요소의 모든 부분을 교육과정 문서와 전혀 다르게 구성하는 경우이다. 이런 두 유형을 극단으로 하고, 그 사이에서 교육과정 문서 중에서 일부분만 변경한 다양한 유형의 교육과정이 실행될 수 있다.

　교육과정 문서에서 의도된 교육과정과 교실 현장에서 전개된 교육과정의 차이는 교육과정을 구현하는 교사의 역량에 따라 크게 달라진다. 이 부분에서 교육과정을 교육 현장의 상황에 맞게 적용하는 교사의 역량에 초점을 두고 교육과정의 실행을 설명하는 개념이 교육과정 문해력이다. 교육과정 문해력이라는 새로운 개념으로 교육과정과 현장을 분석하고 교사의 전문성 개발에 대한 시사점을 제시하는 연구들이 진행되고 있으며 교육 현장에도 교육과정 문해력 개념이 전해지고 있다. 이 장에서는 교육과정 문해력에 대한 이해를 높이기 위해 교육과정 문해력과 관련 있는 네 개의 쟁점을 다룬다.

쟁점 1 : 교육과정을 재구성하여 변경할 수 있는가?

국가 교육과정은 학생들이 학습해야 할 내용 항목과 수업 목표, 수업 방법, 학습 평가에 대한 내용을 담고 있는 문서이다. 국가 교육과정을 근거로 지역 교육과정, 학교 교육과정이 만들어진다. 교사는 〈헌법〉, 〈교육법〉, 〈교육법 시행령〉에 따라 고시된 교육과정 문서가 규정하는 교육 계획에서 벗어날 수 없다. 교육과정 자체는 법령은 아니지만 교육과정이 만들어지고 고시되는 배경에 의해 법령과 같은 성격을 가진 것처럼 보일 수 있다. 교육과정을 법령으로 오해하는 관점을 가지고 있거나 교육과정에 대해 정확하게 이해하지 못하는 경우에는 교육과정이 교육의 표준이며 바꿀 수 없는 것이라고 볼 수 있다.

하지만 교육과정 문서 내에 교육과정의 재구성이 가능함이 명시되어 있으며 교육과정은 재구성할 수 있는 대상이다. 교육과정의 시기에 따라 세부 내용의 차이는 있으나 국가 교육과정 문서 내에는 교육과정의 실행자가 자율성을 가지고 교과 내용의 순서, 비중, 방법 등을 새롭게 재구성할 수 있다는 근거가 명시되어 있다. 이는 교육 현장과 국가 교육과정 사이의 차이를 교육과정 문서에서 이미 인정하고 있으며 교육의 대상이 되는 학습자의 입장에서 적절한 교육이 이루어지는 것이 교육과정의 목표라는 의미이다. 지역사회 및 학교의 실정, 학생의 수준과 교사의 필요에 따라 교육과정을 실행하는 교사는 국가 교육과정을 학교 현장의 상황에 맞춰 재구성할 수 있디.

교사의 교육과정 재구성에 대한 연구(박윤경 외, 2015)는 교육 현장에서 교사들이 다양한 수준으로 교육과정을 재구성함을 보여 준다. 교육과정 실행의 방식에 대한 질문에 대다수의 교사들이 현장의 상황에 맞추어 교육과정을 재구성해야 한다고 응답하였는데 이는 현장에서 교육과정 재구성의 필요성에 대해 인식하고 있으며 교육과정 재구성이 이뤄지고 있음을 나타낸다. 교육과정 요소 중에서 재구성의 대상과 수준에 대한 응답에서는 교육 목표는 "그대로 따르기"와 "부분적으로 재구성하기" 사이, 교육 내용, 교육 방법, 평가 방법은 "부분적으로 재구성하기" 정도의 수준에서 교육과정을 재구성하는 것으로 조사되었다.

대다수의 교사들이 교육과정을 현장에 맞춰 재구성해야 한다고 인식하면서도 교육과정의 각 요소를 재구성하는 상황에서는 부분적으로만 재구성하는 소극적인 입장을 보이는 것은, 교육과정을 법령의 성격으로 보는 관점이 남아 있는 것으로 볼 수 있다. 교육 현장에서 교육과정의 실행과 재구성에 대한 논의가 오래 진행되었는데도 교육과정 재구성의 수준이 낮은 상태라는 것은 교육과정의 실행을 교육과정의 충실한 실행이나 교육과정 재구성의 행위 자체로 보는 관점에 한계가 있다는 것을 보여 준다고 할 수 있다. 이런 점이 교육과정 문해력의 개념이 필요한 이유이다.

교육 현장에서 다양한 교육과정 재구성이 이루어지고 있고 교육과정 재구성의 사례가 양적으로 많다고 하더라도, 그 수준이 교육과정의 일부를 부분적으로 재구성하는 수준에 머물러 있다면 다양한 교육 맥락에 교육과정이 적절하게 적용되고 있다고 말할 수 없을 것이다. 교육과정 문해력의 관점으로 본다면 이러한 교육과정 재구성은 낮은 수준의 문해력이라고 할 수 있다. 교육과정 문해력의 수준을 높이는 출발점은 교육과정에 대한 정확하고 깊이 있는 이해를 바탕으로 교육과정을 법령이 아니라 교육 현장의 상황에 맞게 재구성할 수 있는 대상으로 보는 관점의 이동에 있다.

쟁점 2 : 교육과정 재구성의 수준과 범위는 어디까지 가능한가?

교육 현장에서 교육과정 재구성의 실태를 조사한 연구에 따르면 재구성의 수준은 국가 교육과정의 재구성 없이 충실하게 실행하는 수동적인 수준에서 국가 교육과정을 창의적으로 재구성하는 능동적인 수준까지 다양함을 보여 준다. 교육 현장의 상황이 다양함을 생각하면 교육과정 재구성이 다양하게 나타나는 것은 당연해 보인다. 교육과정 재구성의 범위에 대한 실태 조사 결과도 교육과정 재구성의 수준과 비슷하게 교육과정 재구성의 범위가 다양함을 보여준다. 단일 교과의 한 차시 범위에서 이뤄지는 교육과정 재구성의 범위가 가장 작고 창의적 체험활동 등 비교과 교육과정과 교과 교육과정을 연계하는 재구성이 가장 큰 범위로 조사되었다. 그 사이에는 단일 교과의 단원 범위에서 이뤄지는 재구성, 두 개 이상의 교과의 단원을 연계하여 이뤄지는 재구성, 서로 다른 두 교과가 연계된 재구성 등 다양한 범위의 재구성이 나타날 수 있다. 교육 현장에서 수행하는 교육과정 재구성의 수준과 범위가 다양함을 볼 때 교육과정 재구성의 수준과 범위는 특정 수준과 범위로 징할 수 있는 것이 아니라 어느 수준과 범위도 될 수 있다고 할 수 있다.

교육 현장에서 나타나는 교육과정 재구성의 수준과 범위가 다양하다는 점은 교육과정을 재구성하는 교육과정 실행가에게 그 수준과 범위를 자유롭게 정할 수 있음을 알려 주겠지만, 그 수준과 범위가 교육 현장에 적절한지를 판단하는 것은 별개의 문제이다. 특정 교육 상황에서 교육과정 재구성 수준이 어떠해야 하는지, 재구성의 범위를 어디까지로 정해야 하는지에 대해서 교육과정 실행이나 재구성의 개념으로는 답하기가 어렵다. 이에 대한 답을 해 줄 수 있는 것이 교육과정 문해력이다.

교육과정 재구성의 적절한 수준과 범위의 타당성을 판단하는 근거 중의 하나는 국가 교육과정이다. 국가 교육과정이 재구성의 대상이긴 하지만 교육과정의 다양한 요소 중에서 재구성의 대상이 아닌 핵심 요소와 재구성의 대상이 되는 요소를 구분할 수 있으며 재구성하지 않는 핵심 요소가 재구성되는 요소의 타당성을 판단하는 근거가 될 수 있다. 예를 들어 교육과정의 요소 중에서 학교 교육 및 교과 교육의 목표와 성취기준을 재구성하지 않는다면, 이를 기준으로 교육 내용, 교육 방법, 교육 평가를 재구성하면서 재구성하는 수준, 범위의 타당성을 평가할 수 있다.

교육과정 재구성의 수준과 범위를 평가하는 또 다른 근거는 교육 현장의 상황이다. 어떤 교육과정이 특정 교육 상황에 적절하다고 하더라도 다른 교육 상황에는 적절하지 않을 수 있다. 이상적인 교육과정의 구현은 교육과정의 목표가 교육 현장에 맞게 재구성되어 교육 대상자에게 적절한 경험을 제공하는 것이다. 모든 상황에 적절한 교육과정 재구성의 수준과 범위가 있다는 생각보다는 교육 상황에 적절한 수준과 범위로 계속 재구성해야 한다고 생각하는 것이 교육의 본질을 바라보는 관점이 될 것이다.

교육과정 재구성의 수준과 범위가 다양할 수 있지만, 각 교육 상황에 적절한 교육과정 재구성의 수준과 범위가 있다면 이 수준과 범위를 결정할 수 있는 능력이 교육과정을 실행하는 교사에게 필요하다. 이런 능력이 있는 교사는 교육과정의 내용을 파악하고 교육과정에서 재구성할 수 있는 것과 할 수 없는 것을 구분할 수 있으며, 동시에 교육 현장의 상황에 맞게 교육 내용 등을 재구성해서 교육과정 재구성의 수준과 범위를 정하고 재구성한 교육과정을 실행할 수 있다. 이런 능력을 교육과정 문해력이라고 할 수 있으며 이런 능력이 있는 교사는 교육과정 문해력이 높은 교사라고 할 수 있다.

쟁점 3 : 교육과정 문해력을 측정할 수 있는가?

교육과정의 실행자가 교육과정을 교육 현장에 실행하는 활동에서, '의도된 교육과정'이 '전개된 교육과정'과 일치하는지에 초점을 두는 것이 '교육과정 실행'이고, '의도된 교육과정'이 교육 현장에 맞게 '전개된 교육과정' 또는 '실현된 교육과정'으로 구현되는 상황에서 얼마나 달라지는지에 초점을 두는 것이 '교육과정 재구성'이다. 이때 '교육과정 실행'과 '교육과정 재구성'의 양상을 다양하게 만드는 교사의 역할에 초점을 두는 것이 '교육과정 문해력'이다.

교육과정 실행, 교육과정 재구성, 교육과정 문해력은 추상적인 개념이며 어떤 실체로 보여 줄 수는 없다. 교육과정이 교육 현장의 교육 활동으로 적절하게 구현되는지를 평가하기 위해서, 또는 교육 활동의 다양함을 설명하기 위해 고안한 개념이다. 개념의 실체가 명확하지 않기 때문에 이 개념을 인식하지 못할 수도 있으며, 교육 현장을 보는 다양한 관점에 따라 이 개념에 동의하지 않을 수도 있다. 하지만 이러한 개념으로 교육 활동을 바라보면 복잡하고 다양한 현상 속에서 의미를 발견할 수 있고 교육 활동에 대해 깊이 이해하고 진단할 수 있다.

교육과정 실행이나 교육과정 재구성은 교육과정을 만들고 배포하는 관리자의 입장에서 교육과정의 실행 상태를 파악할 수 있는 유용한 개념일 수 있으나 교육과정을 구현하는 현장 교사의 입장에서는 도움이 되지 못한다. 교육과정 문해력은 교육과정의 관리자의 관점과 교사의 관점을 포괄하면서 교육과정의 실행을 이해하는 개념으로 도입되었다.

교육과정 연구에 교육과정 문해력의 개념을 도입한 지 얼마 되지 않았기 때문에 관련 연구는 초기 단계이고 교육과정 실행이나 교육과정 재구성에 대한 연구를 확장하는 정도로 교육과정 문해력에 대한 연구가 진행되고 있다. 그러나 교육과정 문해력 연구는 이전 관점과는 다른 관점으로 교육 현상을 바라보고 있으며 이러한 관점은 교육과정과 교사의 전문성 개발에 의미 있는 시사점을 줄 수 있을 것으로 보인다.

교육과정 문해력을 측정한 일부의 연구는 교육과정 문해력의 수준을 다루고 있다. 앞서 언급했듯이 박윤경(2017)은 예비 교사의 교육과정 문해력을 제로 수준, 교과서나 교사용 지도서에 의존하는 입문 수준, 교과서나 교사용 지도서를 기반으로 활동 내용을 재구성하는 기초 수준, 교육과정의 성취기준을 명확하게 이해하고 교과서나 교사용 지도서의 문제점을 보완하는 심화 수준으로 분류하였다. 이 연구에서 조사한 심화 수준은 초등 예비 교사 수준에서는 높은 수준이지만 교육과정 성취기준 이하의 수준을 다루고 있어서 교육과정 문해력의 모든 범위를 포함하지는 않고 있다. 현장 교사를 대상으로 교육과정 문해력을 조사한 연구[58]는 국가 교육과정의 인식이 부족한 수준을 가장 낮은 수준으로, 교육의 사회적 맥락을 조망하면서 교육과정을 비판적으로 읽고 혁신적인 교육과정을 생산하는 수준을 가장 높은 수준으로 보았으며 이 사이에 다양한 교육과정 문해력 수준이 있다고 하였다. 이러한 연구는 교육과정 문해력의 수준을 구분하고 측정할 수 있는 가능성을 보여 준다.

교육과정 문해력의 수준에 대한 이상의 연구는 교육과정의 관리자 또는 의도된 교육과정의 관점에서 교육과정의 이해와 실행에 초점을 두고 교육과정 문해력의 수준을 분석하였다. 이런 관점 이외에도 교과 내용 지식, 학생, 교사의 관점 같은 다른 관점으로 교육과정 문해력의 수준을 평가할 가능성을 고려해 볼 수 있다. 이 부분은 연구가 부족하며 다양한 관점에서 후속 연구가 필요하다.

쟁점 4 : 교육과정 문해력을 향상시킬 수 있는가?

교육과정 문해력은 교육과정 문서의 내용을 이해하고 교육과정이 지향하는 바를 읽어 내고 구현할 수 있는 교사의 능력이다. 교육과정의 문서를 읽고 그 안에 포함된 의미를 읽어 내는 능력을 넘어, 상위의 교육 목표, 교과 목표 및 성취기준에 비추어 교육 현장에 적용하기 어려운 부분과 교육과정의 문제점을 수정하거나 보완하는 능력까지를 포함한다. 교과서를 수동적으로 사용하는 차원을 넘어 교사가 교육과정의 실행에 주체적이고 능동적으로 참여할 때 교사의 교육과정 문해력이 높다고 할 수 있다.

교육 경력 기간이 짧은 교사보다 긴 교사 중에서 교육과정 문해력이 높은 교사를 자주 찾을 수 있다는 것을 고려하면, 교육과정 문해력은 교육 경력에 따라 현장 교육 경험 속에서 향상될 수 있다고 볼 수 있다. 교육과정 문해력이 있다면 어떻게 향상시킬 수 있을까? 교육과정 문해력의 성장을 보여 준 사례(2장 2절)에서 가능성을 찾아볼 수 있다. 사례에 나온 두 교사는 담당 교과목과 배경이 다르긴 하지만 이 사례에서 교육과정 문해력의 향상과 관련 있는 네 가지 요소를 도출할 수 있다.

첫째, 교육과정 재구성에 대한 동기나 압력이 있는 상황이다. 동기를 부여하는 것이 교사 자신일 수도 있고 근무하는 학교 현장의 상황이 압력을 줄 수도 있다. C교사의 경우는, 근무하는 학교가 연구를 장려하는 환경이었고 이 상황에서 자신이 관심을 가지고 있었던 국어 수업에서 교육과정 재구성을 시도하였다. D교사의 경우는, 교사 임용 이전에 형성한 역사의식을 기반으로 초등 사회 과목의 재구성 동기를 가지고 있었으며 혁신학교에 근무하면서 자연스럽게 교육과정 재구성을 권장하는 상황에 들어가게 되었다. 두 교사의 사례에서는 교육과정 재구성을 요구하는 상황이 교육과정 문해력 발달의 시작이었다.

둘째, 교육 현장에서 경험을 쌓으면서 현장의 문제점을 발견하고 개선하려는 노력을 지속했다. C교사는, 국어 수업에서, 교과서나 기존의 수업이 이상적인 독서와 감상의 경험을 제공하지 못한다는 것을 인식하고 이를 개선하기 위해 노력하였다. D교사는 자신이 사회 교육의 본질이라고 생각하는 것, 즉 "개인이 자신이 속한 사회를 인식하고 개인의 언어로 해석하며 사회의 다양한 문제에 대해 생각하고 이를 통해 자신의 가치관을 만들기"를 사회 수업에서 구현하기 어렵다는 것을 인식하고 사회 수업을 개선하기 위해 노력하였다. 두 교사 모두 자신이 인식하는 문제를 쉽게 해결할 수 없었고 해결하기 위해 노력하는 동안 교육과정 재구성의 수준을 높일 수 있었다.

셋째, 교육과정 문서에 대한 인식이 변화되고 교육과정 문서를 비판적으로 해석하는 능력이 향상되었다. C교사는 초등 교사 경력 3년 차 이전까지 교육과정 문서가 있다는 것만 알고 살펴보지 않았다고 하였다. C교사는 교육과정 재구성의 동기를 가진 상황에서 교육과정 문서를 살펴보기 시작했고 수업 연구 대회 참가와 수업 실행 및 성찰의 경험을 통해서 교육과정을 수정할 수 있다고 인식하게 되었다. C교사가 이렇게 인식한 이후에 C교사의 교육과정 재구성이 본격적으로 진행된다. D교사의 사례에서, D교사가 교육과정 문서에 대한 인식을 언제 바꾸었는지 명확하게 나오지는 않는다. 그러나 D교사의 사례에는 수업과 교과서, 교육과정에 대해 비판적인 관점으로 분석하는 내용이 반복하여 나온다. 수업과 평가의 자율성을 보장하고 권장하는 혁신학교의 분위기와 D교사가 가진 역사의식이 교육과정에 대한 인식을 바꾸었을 것으로 짐작할 수 있다. D교사는 사회 수업에서 자신이 인식한 문제를 해결하기 위해 다양한 교육과정 재구성을 시도하였고 교과서를 완전히 새로 만드는 수준까지 이르게 되는데, 이는 교육과정 문서에 대해 비판적으로 해석하는 능력이 있었기 때문으로 볼 수 있다.

넷째, 교과 내용에 대한 이해의 수준이 향상되어야 한다. 교육과 정 자체에 대한 이해와 교육 현장의 상황에 대한 경험이 쌓이더라도 교과 내용에 대한 이해가 부족하면 교육과정 재구성의 수준과 범위 를 넓히기가 어렵다. C교사와 D교사의 사례에서도 이 부분이 중요 함을 보여 준다. C교사는 국어 수업의 제재인 《마당을 나온 암탉》에 대한 교사 자신의 이해가 심화되면서 문학 수업의 이상적인 목표인 독서와 감상의 경험을 제공하는 수업으로 재구성할 수 있었다고 하 였다. D교사는 사회과 교육과정이나 교과서에 대한 문제 의식을 가 지고 있으나 이것만으로 적합한 대안을 만들 수 없다고 인식하고 있 었다. D교사는 새로운 교과서, 또는 교과서가 없는 수업과 같이 형 식적인 면으로는 다양하고 창의적인 수준의 교육과정 재구성을 시 도하였으나 교사 자신과 학생 모두가 만족할 만한 이상적인 사회과 교육을 하기에는 교사 자신이 가진 교과에 대한 이해나 안목이 부 족하다고 생각하고 있었다.

교육과정 문해력이 향상되는 조건을 '교육과정 재구성에 대한 개 인의 동기가 높아지거나 학교 문화의 압력이 증가하는 상황', '교육 현장의 경험과 문제 인식 능력 향상', '교육과정 문서를 비판적으로 읽는 능력 향상', '교과 내용에 대한 이해의 향상'으로 나눠서 본다 면, 막연하게 느낄 수 있는 교육과정 문해력을 명시적으로 볼 수 있 을 것이다. 하지만 교육과정 문해력은 네 가지 요소의 단순한 합은 아니다. 한 요소가 높이 향상되었다고 하여도 다른 요소와 상호작 용하지 않는다면 교육과정 문해력 전체의 향상으로 이어지지는 않 는다.

교육과정 문해력을 네 가지의 요소로 나눠서 다룬다고 하더라도 각각의 요소의 향상은 쉬운 일이 아니다. 개인의 의지로 노력한다고 하여도 지속하기는 어려우며 향상하는 수준에는 한계가 있을 수 있다. 하지만 동료 교사의 협력이나 학교 문화 같은 공동체의 활동이 뒷받침해 준다면 개인의 한계를 넘어 지속할 가능성이 높아진다. 이렇게 볼 때 교육과정 문해력의 향상은 공동체에서 함께 노력함으로써 이뤄지는 협력 활동이라고 생각해 볼 수 있다. 2부에서는 교사학습공동체에서 교육과정을 재구성하는 과정을 여러 단계로 나눠서 안내하고 있다. 교사학습공동체에서 교육과정 재구성 활동을 진행하면서 교육 상황에 적절한 교육과정이 실행되고 현장 교사의 교육과정 문해력이 향상되기를 기대한다.

2부

교육과정 문해력 프로토콜의 실제

/

Chapter 1

교육과정 문해력
프로토콜 개관[59]

교사학습공동체와 프로토콜의 활용

교육과정 문해력 프로토콜의 특징 및 구성

교사학습공동체와 프로토콜의 활용

교사의 전문성과 교사학습공동체

교사의 전문성 형성에 대한 패러다임 변화

'교육의 질은 교사의 질을 넘어설 수 없다'는 익숙한 명제와 함께 교사의 전문성을 높이는 방법에 대한 관심도 높다. 교사의 전문성을 바라보는 기존 관점은 지식 중심관, 기술 중심관, 태도 중심관으로 구분할 수 있다.[60] 지식 중심관이 외부 지식의 습득을 교사 전문성 향상의 핵심 기제로 본다면, 기술 중심관은 교수 기술teaching skill

이 교사 전문성의 핵심이라고 보며 효과적인 교수법을 습득한 교사가 잘 가르칠 수 있다고 설명한다. 태도 중심관은 교사의 전문성을 학생들을 가르치는 일에 대한 교사의 마음가짐에서 찾는다. 이들 관점은 교사의 전문성이 외부 전문가로부터 주입되는 지식이나 기술에 의해 향상되는 것으로 보았으며, 교사의 전문성을 개별 교사에게서 찾는 것을 넘어서지 못했다는 점에서 한계가 있다. 기존 관점들은 교사들이 교육 현장에서의 다양한 교육적 실천과 시행착오를 통해 스스로 전문성을 신장시켜 나가는 과정을 설명하지 못할 뿐 아니라, 교사 개개인의 전문성을 공유하고 전수하는 것의 가치를 발견하지도 못했다.

이에 대한 대안은 Schön(1983)의 반성적 접근에서 찾을 수 있다. Schön은 '실천 중 반성Reflection-in-Practice'을 통해 형성되는 실천적 지식이 교사 전문성의 핵심이라고 본다. 전문가는 실천 상황 속에서 자신의 행위와 그 기저에 있는 앎을 비판적으로 재구성하고 이후의 행위에서 이를 검증함으로써 새로운 지식을 형성한다는 것이다. 이러한 Schön의 반성 이론은 반성적 교사 교육이 대두하는 배경이 되었다. 반성적 교사 교육은 교사들이 교육 실천에 대한 반성을 통해 전문성을 신장시킬 수 있도록 지원하고자 한다.

이에 더해 교사들이 교실의 경계를 허물고 전문가 공동체의 구성원으로서 동료 교사들과 적극적으로 협업할 때 자신의 전문성을 신장시킬 수 있다는 패러다임이 확산되고 있다. 즉, 교사 전문성을 개별 교사가 습득한 지식 또는 기술이나 교사의 마음가짐에서 찾던 관점으로부터 교사들이 현장에서의 실천 과정에서 부딪히는 실질적인 문제들을 놓고 다른 동료 교사(전문가)들과 상호작용하면서 집합적으로 교사 집단의 전문성을 높이는 방향으로 교사 전문성 향상의 패러다임이 변화하고 있는 것이다.

교육과정 전문성과 교사학습공동체의 가능성

이러한 흐름 속에서 최근 교사학습공동체 또는 전문적학습공동체Professional Learning Community가 교사의 교육과정 전문성을 향상시킬 수 있는 대안적 방안으로 주목받고 있다.[61] 교사학습공동체란 "학교 개혁과 학교 문화 개선에 관한 공적 책무성을 지닌 교사들이 집단적이고 지속적인 탐구와 실행 연구를 통해, 학생의 학습 능력을 신장하고, 자신과 동료 교사의 전문성을 신장하고자 하는 학습 조직"이다.[62] 교사학습공동체는 본질적으로 구성원들 간의 상호이해에 바탕을 둔 지속적인 협력을 지향한다.

최근 교사학습공동체는 교사들이 단순히 교육과정 전달자가 아니라 학교와 교실 수준의 교육과정을 집필하고 실행하는 주체로서의 역할을 효과적으로 수행할 수 있도록 지원할 수 있는 기제로 평가받고 있다.[63] 실제 운영 사례에서도, 교과 수준에서의 수업 공동 설계와 실행이나 교과 통합 수준에서의 교육과정 공동 실행을 통해 교사의 교육과정에 대한 인식이 개선되고 효능감이 증가하는 등 교육과정 전문성이 전반적으로 향상된다는 점을 확인할 수 있다.[64]

교사학습공동체를 통한 집합적 교육과정 문해력 제고

교사들의 교육과정 문해력을 제고할 수 있는 효과적인 방안으로 교사학습공동체의 활용을 모색해 볼 수 있다. 교사학습공동체를 통해 교사들이 공동으로 교육과정을 재구성하고 실행하고 평가하면서 교육과정 문해력을 높일 수 있을 것이다.

교육과정 문해력은 교사 개인에게도 중요하지만 교사학습공동체 차원에서도 중요하다. 학습공동체 구성원 개개인의 교육과정 문해력의 차이는 교사학습공동체에서 지향하는 교육 방향을 혼란스럽게 만들 수 있다. 따라서 공동의 교육과정 재구성 활동을 하기에 앞서 구성원의 교육과정 문해력의 수준이나 교육과정 재구성 관련 관점을 공유하고 이해해야 한다. 이를 위해서는 구성원들 사이의 교육과정 문해력 차이에 의해 발생할 수 있는 오해를 줄이고 교사학습공동체 내에 전문적이고 심도 있는 대화를 촉진할 방안을 모색할 필요가 있다. 따라서 구성원 간의 구조화된 대화 기회를 제공하는 프로토콜을 활용하여 교육과정 전문성 향상을 지원할 수 있는 방안을 마련하고자 한다.

교육과정 문해력 프로토콜 활용의 필요성

교사학습공동체의 성공 요인 : 교사 간 대화와 협력

많은 학자들이 교사학습공동체 성공의 핵심 요인으로 교사들 간의 대화와 협력의 중요성을 강조하고 있다.[65] 일례로 단위학교 교사학습공동체에 대한 사례 연구에 따르면, 참여 교사들이 수업 대화에 익숙해질수록 자신들의 교수 실천이나 교육과정에 대한 협력적 상황에 몰입하기 시작하는 것으로 나타났다.[66] 교사학습공동체의 특성이 교사 전문성에 미치는 영향들을 분석한 연구에서도, 교사학습공동체의 특성 중 협력 변인이 교사 전문성을 신장시키는 데 가장 중요한 요소 중 하나로 나타났다.[67] 즉, 교사학습공동체 내 구성원 간의 대화와 협력은 단지 하나의 형식적 특성이 아니라 교사학습공동체의 목표 달성과 교사의 전문성 발달을 좌우할 수 있는 가장 핵심적인 요소인 것이다.

교사 간 협력과 의사소통의 어려움

그런데 교사학습공동체 내에서 구성원 간의 협력과 의사소통이 원활하게 이루어지는 것이 생각만큼 쉽지 않다. 모든 교사학습공동체가 성공적인 경험을 하는 것도 아니다. 오히려 동료 교사와의 협력 경험이 부족한 교사들에게는 부정적인 반응을 불러일으키기도 한다. 서경혜(2009)는 현장 교사들이 교사학습공동체에 형식적 수준에서 참여하고 있으며 협력 관계 형성에 어려움을 겪고 있다고 지적한 바 있다. 수학 교사학습공동체 참여자를 대상으로 한 설문 조사에서도, 교사들은 교사학습공동체 참여의 어려움으로 시간 부족이나 일정 조정의 문제 외에 교사들 사이의 경력이나 지식 등의 차이로 인해 의견 소통이 쉽지 않다는 점을 들었다.[68] 또한 강원 지역 교사학습공동체 실태를 조사한 연구에 따르면, 교사학습공동체가 교사들의 진정한 만남이 이루어지고 대화를 나누는 장이 아니라, 형식적이거나 소수의 교사들에 의해서 주도되는 일방적 전달 위주의 의사소통 방식으로 운영되고 있는 것으로 나타났다.[69]

교사 간 전문적 대화를 돕는 프로토콜의 활용

앞서 살펴본 바와 같이, 교사학습공동체 내에서의 협력과 의사소통의 문제는 가치와 비전의 공유, 협력적 학습, 개인적 실천의 공유

등과 같은 교사학습공동체의 핵심적인 특징이 발휘되기 어려운 구조를 만들어 결과적으로 교사 전문성 발달이라는 교사학습공동체의 목표 달성을 저해할 수 있다. 교사학습공동체가 교사 전문성 발달에 유의미한 효과를 갖기 위해서는 교사 간의 협력적 관계 구축, 발전적 상호작용, 실천을 공유하는 경험과 반성적 대화 등이 전제되어야 한다.[70]

이와 관련하여 최근 프로토콜이 교사학습공동체에서 전문적 대화를 촉진하기 위한 대안으로 제시되고 있다. Easton(2009)은 교사들이 교사학습공동체 활동을 저해하는 다양한 방해 요소들을 극복하고 전문적인 대화를 지속하기 위해서는 구성원들 사이의 대화를 구조화하여 공동체 내에서의 토의를 촉진하는 프로토콜을 활용할 필요가 있다고 강조한다.

프로토콜이란?

프로토콜은 원래 외교에서 국가 간 의례, 또는 국가 간 조약을 보완하거나 개정하는 약속을 담은 의정서를 의미하는 말로 쓰였으나, 점차 어떤 현상이 일어나는 절차의 기록물 또는 어떤 과정의 절차를 의미하는 말로 사용되고 있다. Easton(2009)은 프로토콜이란 대화를 통하여 깊이 있는 이해를 이끌어 내고자 하는 집단을 돕는 절차로, 교사학습공동체에서의 프로토콜은 공동체 구성원 사이의 대화에 규칙을 제시하여 자신의 수업에 대한 평가와 같이 일상적인 대화와는 다른 유형의 전문적인 대화를 촉진하고, 교육 현장에서 발생하는 쟁점과 문제를 탐구하도록 도우며, 대화를 생산적인 방향으로 이끄는 절차라고 보았다.

집중적 대화를 이끄는 프로토콜

McDonald, Mohr, Dichter & Mcdonald(2007)는 교사학습공동체에서 프로토콜의 활용이 교사의 전문성 신장과 매우 밀접한 관계가 있다고 강조한다. 교사학습공동체에서 프로토콜 없이도 대화를 진행할 수 있지만, 프로토콜이 있다면 교사학습공동체 구성원들이 교육 활동에 대해 체계적이고 심도 있는 대화를 할 수 있으며 이를 통해 교사의 반성적 성찰과 전문성 향상의 기회를 가질 수 있기 때문이다. 따라서 교사들에게 프로토콜에 기반한 집중적인 대화가 필요하다고 강조한다. 앞서 언급했던 바와 같이 참여 교사들이 가진 특성의 차이로 인해 누군가 대화를 독점하여 공평한 대화 참여 기회를 갖지 못하거나, 목표 지향적인 대화를 나누기 어려운 상황에 놓여 있는 경우, 프로토콜과 같이 대화를 중재하는 장치[71]를 도입하는 것이 효과적일 것이다.

프로토콜 활용의 유용성 : 목표 지향적, 협력적 대화 유도

공동체 내에서 이루어지는 대화의 규칙과 절차를 구조화해 놓은 프로토콜을 활용하는 것이 처음엔 다소 인위적으로 느껴질 수 있다. 하지만 프로토콜에 기반을 둔 대화는 교사학습공동체 내의 작업이 일정한 순서에 따라 이루어지도록 돕는다. 이를 통해 공동체의 활동이 표준화된 절차를 따르게 되어 일상에서와는 달리 주어진 시간 내에 목표 지향적이며 협력적인 대화를 이어 나갈 수 있게 된다.

이 때문에 최근 북미를 중심으로 교사학습공동체에서 다양한 프로토콜을 개발하여 사용하는 사례들이 다수 제시되고 있다.[72] 국내에서도 한 초등학교 교사학습공동체에서 단지 몇 개의 프로토콜 활용만으로도 교사들이 소통에 더 자신감을 갖고 학생 결과물 분석이나 교과 지식 탐구의 측면에서도 적극적으로 활동하는 등의 많은 변화가 나타났다는 연구 결과가 제시되었다.[73] 또한 초등학교 수학 교사학습공동체에서 공동 수업 설계와 수업 성찰에 대한 프로토콜을 적용하고 참여자들의 대화를 분석한 바에 따르면, 프로토콜이 교사학습공동체 구성원 간의 대화의 주제와 흐름을 결정하고 구성원들의 경험과 성찰을 더 체계적으로 만들었으며, 모든 교사들이 동등하게 활동에 참여하고 교사들의 수업 반성이 깊이 있게 이루어진 것으로 나타났다.[74] 이런 점에서 프로토콜은 교사학습공동체 내의 교류와 협력을 바탕으로 교사 스스로 전문성을 신장해 나갈 수 있는 환경과 문화를 형성하는 것을 돕는 지원 기제라고 할 수 있다.

교육과정 문해력 프로토콜의 특징 및 구성

교육과정 문해력 프로토콜의 특징

교육과정 재구성을 위한 전문적 대화 과정의 구조화

교육과정 문해력 프로토콜은 교육과정 재구성에 대한 전문적인 대화의 과정을 구조화하였다. 내용적인 면에서는 교육과정 문해력을 반영하면서 교사들의 교사학습공동체 활동에 실질적이면서도 수월하게 적용할 수 있도록 하였다.

교사학습공동체 활동이 교사의 교육과정 전문성에 긍정적인 영향을 미친다는 사례 보고에도 불구하고, 일부 사례에서는 교사학습 공동체 구성원들이 국가 교육과정 문서에 대한 분석 없이 교과서나 지도서의 일부를 재구성해 활용하는 것을 교육과정 재구성으로 잘 못 이해하고 있는 문제점이 발견되기도 한다. 따라서 교사학습공동 체 구성원들이 국가 교육과정을 능동적으로 해석하고 그 결과를 토 대로 교사 자신의 교실 맥락에 맞는 교육과정을 생성해 낼 수 있도 록 하기 위해서는 교육과정 문해력의 관점에서 교사학습공동체 활 동을 구조화할 필요가 있다. 이를 고려하여 교육과정 문해력 프로 토콜은 교육과정 및 교육과정 재구성에 대한 타당한 인식과 국가 교 육과정에 대한 체계적인 '읽기' 활동을 토대로 교실 또는 학교 교육 과정을 '쓰는' 작업으로 이행해 갈 수 있도록 프로토콜의 핵심 주제 와 내용을 선정하였다.

활동 중심 프로토콜

교육과정 문해력 프로토콜은 지식이나 이론 습득이 아닌 '실습을 통한 학습learning by doing'이 이루어지도록 구성된 활동 중심 프로토 콜이다. 이는 교사 전문성 또는 교육과정 이론과 실천 과정이 분리 되지 않고 실습을 통해 학습이 이루어지도록 함으로써 프로토콜 적 용의 효과를 높이기 위한 것이다. 이를 위해 주제와 관련한 개별 구 성원들의 생각을 이끌어 내고 적극적인 참여를 유도할 수 있는 활동 을 중심으로 프로토콜을 구성하였다. 활동의 형태도 개별, 모둠별, 전체 활동을 적절히 배치하고 활동의 정리 단계에서는 결과를 구성 원 전체가 공유하도록 하였다. 교사학습공동체는 공동의 문제 상황 에 대한 해결책을 찾아가는 목표 지향적이며 협력적인 대화를 필요로 하므로, 활동을 개인 또는 모둠의 수준에서 수행하는 데 그치지 않고 구성원 전체가 활동 결과를 공유하고 그 의미를 모색해 볼 수 있도록 한 것이다.

촉진자의 역할과 핵심 질문 제시

프로토콜을 활용하여 구성원 간 협력적 상호작용이 활발하게 이루어질 수 있도록 돕기 위해서는 촉진자facilitator의 역할이 중요하다.[75] 촉진자는 각 프로토콜의 주요 과제 및 활동을 안내하고 핵심 질문들을 제시하여 교사학습공동체의 활동이 목표 지향적으로 이루어질 수 있도록 돕는다. 또한 모둠 활동 및 전체 활동에서 구성원 간의 수평적이고 동등한 대화가 이루어질 수 있는 환경을 마련하는 역할도 수행한다. 교육과정 문해력 프로토콜에서는 각 활동 단계별로 촉진자가 수행해야 할 다양한 역할들을 제시하였다. 아울러 교사학습공동체에서 수행할 과제를 질문의 형태로 제시하였다.

유연한 적용이 가능한 프로토콜

교육과정 문해력 프로토콜은 교사학습공동체의 활동 목적과 준비 상태에 따라 다양한 방식으로 활용할 수 있다. 교육과정 문해력 프로토콜은 교육과정 재구성 활동의 순서 및 위계를 반영하여 전체적으로 일관된 논리적 구조를 갖추고 있다. 이와 동시에 각 차시별 목표에 따른 활동의 완결성을 갖추고 있다. 따라서 각 교사학습공동체의 필요에 따라 교육과정 문해력 프로토콜의 일부 단계, 또는 일부 차시를 선택하여 활용하거나 한 차시 프로토콜 인에서도 활동의 비중을 유연하게 조정하여 사용할 수 있다. 이를 위해 각 단계별로 프로토콜의 대안적 활용 방안을 모듈의 형태로 제시하였다.

프로토콜의 단계 및 내용 구성

교육과정 문해력 프로토콜의 단계 : 입문, 적용, 심화 단계

교육과정 문해력 프로토콜은 크게 입문, 적용, 심화의 세 단계로 이루어져 있다.

1단계 입문 단계는 '교육과정 재구성과 교육과정 문해력 이해하기'를 주제로 하는 실습 이전의 준비 단계이다. 이 단계는 교육과정 재구성의 의미와 필요성에 대해 고민하고 교육과정 문해력의 중요성을 이해하는 것을 목표로 한다.

2단계 적용 단계는 '교과 수준에서 교육과정 재구성하기'를 실습하는 단계이다. 이 단계는 교사들이 교육과정 문해력에 기초하여 교육과정 재구성 과정을 경험하는 것을 목표로 한다. 이 단계에서 교육과정 재구성 실습은 단일 교과 내에서 이루어진다.

3단계 심화 단계는 '교과 통합 수준에서 교육과정 재구성하기'를 실습하는 단계로, 둘 이상 교과 간의 교육과정 재구성 과정을 경험하는 것을 목표로 한다.

교육과정 문해력 프로토콜의 전체 구성은 [표 12]와 같다.

단계별 내용 구성

각 단계별로 주요 목표 및 설정 배경, 준비물, 차시별 프로토콜 진행 단계, 대안적 진행 방법, 프로토콜 적용 시의 유의점이 제시되어

[표 12] 교육과정 문해력 프로토콜의 단계 및 내용 구성

구분		세부 프로토콜
1단계 (입문)	교육과정 재구성과 교육과정 문해력 이해하기	P1. 교육과정의 의미 P2. 교육과정 재구성과 교육과정 문해력의 의미 P3. 교육과정 재구성의 수준과 범위 설정하기 P4. 교육과정 재구성 이야기 : 교육과정 재구성의 성공과 실패 경험
2단계 (적용)	교과 수준 교육과정 재구성하기	P5. 교과 교육과정 문서 분석 P6. 수업 목표 및 주제 분석 P7. 교과 수준 재구성 계획 P11. 재구성 과정 및 결과에 대한 성찰
3단계 (심화)	교과 통합 수준 교육과정 재구성하기	P8. 교과 간 교육과정 비교 분석 P9. 교과 통합적 주제·목표 분석 P10. 교과 통합 수준 재구성 계획 P11. 재구성 과정 및 결과에 대한 성찰

있다.

차시별 프로토콜은 하나의 독립적인 프로그램들로, 활동 목표와 주안점, 준비물, 주요 활동 진행 절차로 내용이 구성되어 있다. 주요 활동 진행 절차는 보통 생각 열기, 개별 활동 및 모둠 활동, 발표 및 공유하기, 정리하기의 순으로 제시되어 있으며, 활동 단계별로는 활동 내용과 취지, 촉진자 및 참여자의 역할, 활동 시간 등을 안내하고 있다. 한 차시당 50분을 기준으로 활동 시간이 배분되어 있으나, 주어진 시간 내에서 활동 시간을 탄력적으로 조정할 수 있다.

입문 단계, 적용 단계, 심화 단계는 각각 4개의 프로토콜로 구성되어 있는데, 교사학습공동체의 활동 시간이나 주안점을 고려하여 일부를 선택하여 대안적 모듈을 구성할 수 있다. 예를 들어, 입문 단계

프로토콜에서 교사학습공동체 활동에 진입하는 것에 초점을 둘 경우에는 P1+P2+P3의 순으로 모듈을 구성하고, 학습공동체 구성원들의 재구성 경험을 공유하는 데 초점을 둘 경우에는 P1+P2+P4의 순으로 모듈을 구성할 수 있다. 각 단계별 프로토콜의 내용 구성을 좀 더 자세히 살펴보면 아래와 같다.

1단계 : 교육과정 재구성 및 교육과정 문해력 이해하기

1단계는 교사학습공동체에서 지향할 교육과정 재구성의 방향성에 대해 모색하는 단계이다. 1단계 프로토콜은 크게 기본 활동인 "교육과정의 의미-교육과정 재구성 및 교육과정 문해력의 의미-교육과정 재구성의 수준과 범위 설정" 프로토콜과 선택 활동인 "교육과정 재구성 이야기" 프로토콜로 구성되어 있다. 이는 학교 현장에서 교육과정에 대한 이해 수준이 높지 않을 뿐 아니라, 교육과정 재구성이 교육적으로 의미 있는 방식으로 이루어지고 있지 않으며, 교사들 사이에 교육과정 재구성에 관한 교육적 대화가 활발하지 않다는 선행 연구의 결과를 반영한 것이다. 1단계 프로토콜을 활용하여, 교사들 각자의 교육과정과 교육과정 재구성에 대한 이해 방식, 경험 양상 및 기대 수준에 대해 살펴보고, 교육과정 문해력이라는 개념에 기초하여 교육과정 재구성의 올바른 방향성을 탐색하는 계기를 마련할 수 있다.

2단계 : 교과 수준 교육과정 재구성

2단계는 교과 수준에서 교육과정을 재구성하는 활동으로, "교과 교육과정 분석-수업 목표 및 주제 분석-교과 수준 재구성 계획-재구성 과정 및 결과 성찰"에 대한 프로토콜로 구성되어 있다. 2단계 활동은 교과 교육과정의 성취기준에 대한 체계적 분석으로부터 출발한다. 이는 높은 수준의 교육과정 문해력을 바탕으로 질 높은 교육과정 재구성이 이루어질 수 있다는 점을 반영한 것이다. 2단계 프로토콜을 활용하여, 교육과정 성취기준을 기준으로 교육과정 재구성의 방향을 설정하는 일련의 과정을 실습할 수 있다.

3단계 : 교과 통합 수준 교육과정 재구성

3단계는 교과 통합 수준에서 교육과정을 재구성하는 활동으로, "교과 간 교육과정 비교 분석-교과 통합적 주제 및 목표 분석-교과 통합 수준 재구성 계획-재구성 과정 및 결과 성찰"에 대한 프로토콜로 이루어져 있다. 3단계 활동도 교육과정 문서에 대한 분석으로부터 출발하지만 여러 교과의 교육과정을 비교 분석한다는 점에서 차이가 있다. 3단계 프로토콜을 활용하여, 여러 교과 교육과정 성취기준 간의 연계 가능성을 찾고, 통합적 관점에서 교과의 경계를 넘어서 교육과정 재구성 계획을 수립하는 과정을 실습할 수 있다.

/

Chapter 2

입문 단계 프로토콜 :

교육과정 재구성과 교육과정 문해력 이해하기

입문 단계
프로토콜 개관

개요

"교육과정 재구성과 교육과정 문해력 이해하기" 프로토콜은 교사학습공동체에서 교육과정 재구성 활동을 시작하기에 앞서 교육과정, 교육과정 재구성 및 교육과정 문해력 개념에 대한 이해를 돕고 교사의 교육과정 전문성의 새로운 지향점을 모색하는 데 초점이 있다. 이 개념들은 현장에서 자주 사용되지만 다양한 방식으로 이해되어 구성원 간의 원활한 의사소통을 어렵게 하는 측면이 있다. 또한 이와 관련된 교사들의 경험이나 지향점에 따라 교육과정 재구성의 정도나 수준에 대한 합의 도출이 어려울 수 있다.

따라서 입문 단계에서는 교사들 간에 교육과정 재구성과 관련된 개념 이해 및 경험 양상이 어떻게 다른지를 파악하고 교육과정 재구성의 방향성을 모색할 기회를 갖는다. 이 과정을 통해 교육과정 문해력의 중요성을 이해하고, 교사학습공동체 구성원들이 협력적으로 교육과정 재구성 활동에 참여할 수 있는 공통 기반을 마련한다.

진행 단계

[표 13] 입문 단계 프로토콜의 단계 및 내용 구성

구분	활동 주제 및 프로토콜
P1	■ 교육과정의 의미 - 개별 활동 : 나에게 교육과정이란? - 모둠 활동 : 우리에게 교육과정이란? - 발표 및 정리하기 : 교육과정의 개념과 중요성
P2	■ 교육과정 재구성과 교육과정 문해력의 의미 - 생각 열기 : 교육과정 재구성이란? - 개별 활동 : 나는 왜, 어떻게 교육과정을 재구성하는가? - 모둠 활동 : 우리는 왜, 어떻게 교육과정을 재구성하는가? - 발표 및 정리하기 : 교육과정 재구성에서 교육과정 문해력으로
P3	■ 교육과정 재구성의 수준과 범위 설정하기 - 생각 열기 : 교육과정에서 내가 바꿀 수 있는 것은 무엇인가? - 개별 활동 : 내가 생각하는 교육과정 재구성의 수준과 범위 - 모둠 활동 : 우리가 생각하는 교육과정 재구성의 수준과 범위 - 발표 및 정리하기 : 교육과정 재구성의 수준과 범위
P4	■ 교육과정 재구성 이야기 : 교육과정 재구성의 성공과 실패 경험 - 생각 열기 : 어느 교사의 교육과정 이야기 - 개별 활동 : 나의 교육과정 이야기 - 발표 및 정리하기 : 교육과정 재구성의 경험과 교사의 성장

대안적 진행 방법

교사학습공동체 활동 진입에 초점을 둘 경우 : P1+P2+P3

교사들의 주관적 경험 공유에 초점을 둘 경우 : P1+P2(+P4)

프로토콜 적용 시 유의점

프로토콜 적용 전이나 활동 정리 단계에 교육과정, 교육과정 재구성 및 교육과정 문해력 관련 연구 내용 및 사례에 대한 정보를 제공할 수 있다.

P1
교육과정의 의미

개요

교육과정에 관한 교사들의 다양한 생각들을 드러내게 함으로써 학교 현장에서 교육과정이 갖는 의미에 대해 생각해 본다. 이 활동을 통해 교사학습공동체에서 교육과정 재구성 활동을 할 때 발생할 수 있는 용어 사용상의 혼란에 대해 미리 생각해 보고, 교육과정의 다양한 개념들 중에서 국가 교육과정의 의미와 중요성에 대해 이해하는 기회를 갖는다.

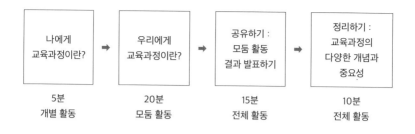

나에게 교육과정이란?	→	우리에게 교육과정이란?	→	공유하기 : 모둠 활동 결과 발표하기	→	정리하기 : 교육과정의 다양한 개념과 중요성
5분 개별 활동		20분 모둠 활동		15분 전체 활동		10분 전체 활동

준비물

필기구, 컬러 펜, 포스트잇, 활동 전지(모둠 칠판)

진행 절차

▣ 개별 활동(1단계) : 나에게 교육과정이란? (5분)

교육과정의 의미에 대한 참여자 각자의 생각을 정리해 보는 활동
이다. 2단계 활동에 앞서, 교육과정에 대한 교사 각자의 지식이나 주
관적 경험, 느낌과 생각 등을 최대한 솔직하게 드러낼 수 있는 분위
기를 만드는 것이 중요하다.

촉진자

- 다음과 같은 질문들을 활용하여 참여자들이 교육과정에 대해 평소에 갖고
있는 다양한 생각들을 드러낼 수 있도록 돕는다.
(질문1) '교육과정' 하면 어떤 말들이 떠오릅니까?
(질문2) 교육과정에 대한 느낌, 관련 지식들을 가능한 한 많이 떠올려 보세요.
- 제한된 시간(3분 내외) 동안 교육과정에 대해 떠올린 내용을 모두 개인별 포
스트잇에 적어 보게 한다.

참여자

- 교육과정에 대한 경험이나 생각을 떠오르는 대로 최대한 많이 포스트잇에 적
는다.

■ 모둠 활동(2단계) : 우리에게 교육과정이란? (20분)

　교육과정에 대한 교사들의 생각이나 경험의 다양성을 확인하고, 이를 포괄할 수 있는 공통의 정의를 도출하는 활동이다. 이때 교육과정에 대한 객관적 개념이 아니라 교사들이 각자 가지고 있는 주관적 개념을 확인하는 것에 초점을 둔다. 따라서 정해진 정답이 있는 것이 아니라는 점에 유의한다.

　이 활동을 위해서는 모든 참여자들이 자신의 생각을 솔직하게 제시할 수 있도록 편안하고 안전한 대화 환경을 만드는 것이 중요하다. 또한 이 활동을 통해 향후 교육과정 재구성 과정에서 나타날 수 있는 갈등이나 충돌의 배경을 미리 짐작해 볼 수 있다는 점에서, 생각의 옳고 그름을 판단하기보다는 참여자들 각자가 어떤 생각을 가지고 있으며 왜 그런 생각을 하는지에 대해 이해하는 기회로 활용

촉진자

- 1단계 활동을 바탕으로 교사들에게 교육과정이 의미하는 바가 무엇인지를 모둠별로 정의해 보도록 돕는다.
- 모둠 활동 전에 모둠 내에서 대화의 규칙을 확인하여 동등하고 안전한 대화의 환경을 조성한다. 이때 촉진자가 기본 규칙을 제시하고, 각 모둠에서 규칙을 추가할 수 있다.
[기본 대화 규칙]
• 모든 구성원들에게 이야기할 시간을 공평하게 제공한다.
• 각 구성원들이 이야기할 때 다른 사람들이 끼어들거나 방해하지 않는다.
• 다른 구성원들의 의견을 평가하지 않도록 한다.
• 각자의 의견을 제시한 후에는 좀 더 자유롭게 질문하거나 답하면서 의견을 교환한다.

참여자

- 각 모둠별로 우선 모둠 구성원들이 한 명씩 돌아가면서 자신이 교육과정에 대해 자유 연상한 내용을 소개한다.
- 각 모둠 구성원들의 발표 내용을 바탕으로 "교육과정이란 ○○이다"라는 정의를 도출한다.
- 모둠별로 정의한 내용을 전지나 모둠 칠판의 가운데에 적는다.
- 전지나 모둠 칠판의 나머지 부분에 각 모둠에서 교육과정을 그렇게 정의한 이유를 마인드맵 형식으로 정리한다.

한다. 따라서 교육과정에 대한 모둠별 정의를 도출하는 과정에서 선불리 합의를 이루거나 소수 의견을 무시하기보다는 생각의 다양성을 반영하되 그 안에서 공통분모를 찾도록 안내한다.

▣ 공유하기(3단계) (15분)

각 모둠에서 도출한 교육과정 정의를 전체 구성원들과 공유하는 활동이다. 발표를 들을 때는 모둠 활동 결과물 자체에 대한 평가보다는 다른 참여자들의 다양한 생각을 이해하는 것에 초점을 둔다.

촉진자 - 각 모둠별 발표 시간 및 순서를 안내하고, 발표 내용을 경청할 수 있는 분위기를 조성한다.

참여자 - 각 모둠별로 교육과정에 대한 정의와 함께, 그러한 정의를 도출한 이유를 설명한다.

▣ 정리하기(4단계) (10분)

전체 활동을 마무리하면서 학교 현장에서 교육과정이 차지하는 의미와 중요성에 대해 정리하는 활동이다. 촉진자가 개별 활동이나 모둠 활동에서 나타난 특징들을 간략하게 정리하거나, 구성원 각자의 소감을 간단히 이야기하거나 메모하기 등으로 변형하여 활동할 수 있다. 시간이 충분한 경우, 활동 과정에서 드러난 논점에 대한 더 깊은 대화나 간단한 토론으로 이어 갈 수 있다. 다만 교사학습공동체 도입 단계에 활용하는 경우에, 어떤 합의된 결론을 도출하려고 하기보다는 구성원들이 가지고 있는 다양한 문제의식들을 공유하는 수준에서 마무리한다.

촉진자

- 각 모둠별 정의에 나타난 특징들을 언급하며, 교육과정에 대한 교사들의 다양한 인식과 감정, 현장 교사들에게 교육과정이 의미하는 바를 도출할 수 있도록 돕는다.
  (예) 현장에서/교사에게 "교육과정은 구속이자 기회이다", "거부하고 싶지만 무시할 수 없다", "모르면 부담스럽지만 알면 유용한 지침이자 도구이다" 등
- 이때 개념 정리, 읽기 자료 및 연구 결과를 제시할 수 있다.

참여자

- 교사학습공동체 구성원들이 인식하는 교육과정 개념의 다양성과 관련 경험의 차이를 인지하고, 이로 인해 의사소통 과정에서 나타날 수 있는 혼란이나 갈등을 최소화하기 위한 노력이 필요함을 확인한다.

개념 정리

1. 교육과정을 정의하는 다양한 방식
   가. 교육 내용으로서의 교육과정 vs 교육 목표, 내용, 교수·학습 및 평가 방법으로서의 교육과정
   나. '계획'으로서의 교육과정 vs '경험'으로서의 교육과정
   다. 의도된 교육과정 → 전개된 교육과정 → 실현된 교육과정

2. 교육과정의 다양한 층위 : 개발 주체와 적용 범위를 기준으로
   가. 국가 (수준) 교육과정
   나. 지역 (수준) 교육과정
   다. 학교 (수준) 교육과정
   라. 교실/교사 (수준) 교육과정

📝 활용 팁

46~48쪽의 교육과정 개념에 대한 설명을 참고하세요.

참고 자료[76]

초등학교 교사들이 생각하는 교육과정 개념 (단위 : 명(%))	
인간을 변화시키기 위한 일련의 계획	86(29.0)
교육의 목표, 내용, 방법, 평가 등에 대해 기술한 문서	79(26.6)
교육 목표에 도달하기 위한 과정을 짜 놓은 것	75(25.3)
교육의 목적과 성격이 반영된 지도	46(15.5)
기타	3(1.0)
무응답	8(2.7)
전체	297(100.0)

전국 9개 지역 19개 초등학교 교사 279명을 대상으로 교육과정 개념에 대한 생각을 물은 결과, 교사들은 '인간(교육 대상)을 변화시키기 위한 일련의 계획', '교육의 목표, 내용, 방법, 평가 등에 대해 기술한 문서', '교육 목표에 도달하기 위한 과정을 짜 놓은 것'이라는 항목에 고루 응답하였다. 이를 통해 초등학교 교사들이 교육과정을 학생들의 변화를 위해 마련된 것으로, 교육 목표와 함께 교육의 내용, 방법 및 평가 전반에 대한 포괄적인 계획이라고 정의하고 있음을 엿볼 수 있다.

프로토콜 활용 후기

[사례1] 고윤영(J초등학교)

• 교육과정에 대한 생각 나누기 - "교육과정이란 ○○이다"

교육과정이란 '동전'이다.

교육과정이란 '사전'이다.

교육과정이란 '과정'이다.

교육과정이란 '요리-손맛'이다.

교육과정이란 '나침반'이다.

교육과정이란 '그림의 떡'이다.

• 프로토콜 적용 결과 반성 및 성찰

교사학습공동체 시간에 교육과정의 의미에 대해 생각해 보고 서로 이야기를 나눠 보았다. 요즘 재구성이 강조되고 있어서 재구성해야 하는 필요성은 알고 있으나, 막상 재구성하려니 기존 관념을 깨기가 쉽지 않다. 재구성이 강조되어 확 바꾸고 싶어도 '과연 그래도 될까?'라는 의구심이 들기도 한다. 이 시간에 도서를 활용한 재구성에 대해 이야기를 나누었다. 작년에는 막연히 '재구성하면 좋겠다'라는 생각이 있었는데 이번을 계기로 내년에 재구성할 내용을 미리 정해 보았다.

[사례2] 정소영(S초등학교병설유치원)

• 교육과정에 대한 생각 나누기 - "교육과정이란 ○○이다"

K교사 : 교육과정이란 현재는 '벽돌'과 같다면 미래에는 '건물'과 같은 단단한 형태가 되었으면 한다. 벽돌을 차곡차곡 쌓아 올려 건물을 완성하듯, 만들어 가고 있는 과정이 교육과정이라고 생각한다.

L교사 : 교육과정이란 '짐' 같다. 해결해야 할 숙제처럼 늘 부담스럽고 무겁고 힘겹다. 언제쯤 부담 없는 짐이 될 수 있을까? 생각이 든다.

Y교사 : 교육과정이란 '방학 일과 계획표' 같다. 계획할 때는 거대하게 계획하나 막상 현실에서는 실천하기 어려운 것들이 많다.

N교사 : 교육과정이란 지키지 못할 약속이다. 지키고 싶으나 지킬 수 없을 때가 많다.

• 프로토콜 적용 결과 반성 및 성찰

소수였지만 구성원들이 모여 교육과정에 대한 서로의 생각을 나누면서 교육과정에 대해서 '부담'을 가지면서도 한편으로는 교사로서 전문성을 갖고 '잘 만들어 가고 싶어 하는 마음'이 있다는 것을 알 수 있었다. 그런 부분에서 '함께 만들어 가 보자'라는 의지를 다지는 시간을 가졌다. 추후에 교육과정 워크숍을 함께 구성해 보자는 의견도 주고받았다.

P2
교육과정 재구성과
교육과정 문해력의 의미

개요

교육과정 재구성에 대한 개인적인 생각과 경험들을 나누어 봄으로써 현장에서 경험하는 교육과정 재구성의 필요성과 다양한 실행 양상들에 대해 살펴본다. 이 활동을 통해 재구성의 대상으로서의 교육과정과 결과로서의 교육과정에 대해 함께 고민해 보고, 교육과정 재구성을 실행하는 교사가 갖추어야 할 역량으로서의 교육과정 문해력의 의의에 대해 알아보는 기회를 갖는나.

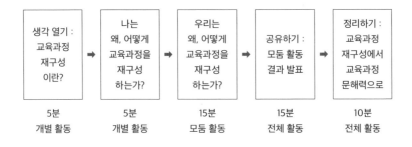

생각 열기 : 교육과정 재구성 이란?	→	나는 왜, 어떻게 교육과정을 재구성 하는가?	→	우리는 왜, 어떻게 교육과정을 재구성 하는가?	→	공유하기 : 모둠 활동 결과 발표	→	정리하기 : 교육과정 재구성에서 교육과정 문해력으로
5분 개별 활동		5분 개별 활동		15분 모둠 활동		15분 전체 활동		10분 전체 활동

준비물

필기구, 컬러 펜, 포스트잇, 활동 전지(모둠 칠판)

진행 절차

▣ 생각 열기(1단계) : 교육과정 재구성이란? (5분)

교육과정 재구성에 대해 교사들이 평소 가지고 있는 생각과 교육과정을 재구성해 본 경험에 대해 자유롭게 이야기하는 활동이다. 본격적인 활동에 앞서 사고를 자극하는 활동이므로 형식에 얽매이지 않고 떠오르는 대로 자유롭게 이야기할 수 있도록 한다. 이때 긍정적인 경험이나 부정적인 경험을 모두 떠올려 볼 수 있도록 한다.

촉진자

- 다음과 같은 질문들에 자유롭게 답해 보도록 함으로써 참여자들이 교육과정 재구성에 대한 평소 생각과 경험을 떠올려 볼 수 있도록 돕는다.
(질문1) 교육과정 재구성이란 무엇이라고 생각하십니까?
(질문2) '교육과정 재구성' 하면, 어떤 말들이 떠오릅니까?
(질문3) 최근에 이루어진 교육과정 재구성 중에서 가장 기억에 남는 것은 무엇입니까?

참여자

- 교육과정 재구성과 관련하여 즉각적으로 떠오르는 생각이나 인상적인 경험이 있는지 생각해 보며 대화에 참여한다.

▣ **개별 활동(2단계) : 나는 왜, 어떻게 교육과정을 재구성하는가? (5분)**

모둠 활동에 앞서, 교사들 각자가 수업을 준비할 때 교육과정을 재구성하게 되는 이유에 대해 생각해 보고 주로 어떤 방법으로 교육과정을 재구성했는지에 대해 개별적으로 정리해 본다.

재구성 이유와 방법이 다양할 경우 대표적인 몇 가지 사례를 중심으로 적어 보도록 안내한다. 교사들 중에 실제 재구성 경험이 없는 경우에는 '나는 이럴 때 교육과정 재구성이 필요하다고 생각한다', '나는 이런 방법으로 교육과정을 재구성하겠다' 등과 같은 추가 질문을 제시하여 활동에 참여할 수 있도록 돕는다.

- 다음 질문들을 활용하여 참여자들이 교육과정을 재구성하는 이유와 재구성하는 방법들을 떠올려 볼 수 있도록 돕는다.
  (질문1) 교육과정을 재구성하는 이유는 무엇입니까?
  (질문2) 교육과정을 어떤 방법으로 재구성합니까?
  (질문2-1) 교육과정을 재구성할 때 주로 무엇을 참고합니까?
  (질문2-2) 교육과정 재구성의 구체적인 방향을 어떻게 정합니까?
- 교육과정을 재구성하는 이유와 방법에 대해 생각해 본 후, 색이 다른 포스트 잇에 구분하여 적어 보게 한다. 예를 들어, 재구성 이유는 노란색 포스트잇, 재구성 방법은 파란색 포스트잇과 같이 미리 정하여 안내한다.

촉진자

- 자신이 실제 재구성했던 경험들을 떠올려 보면서, 교육과정을 재구성했던 이유와 대략적인 방법에 대해 포스트잇에 각각 적어 본다. 재구성 이유와 방법이 다양한 경우에는 여러 장의 포스트잇에 나누어 적는다.

참여자

▣ **모둠 활동(3단계) : 우리는 왜, 어떻게 교육과정을 재구성하는가? (15분)**

같은 모둠에 속한 교사들과 함께 교육과정을 재구성하는 이유와 방법에 대한 각자의 생각과 경험을 나누고 그 내용을 정리한다.

촉진자

- 다음 질문을 활용하여 참여자들이 교육과정을 재구성하는 주된 이유와 방법을 정리해 보도록 돕는다.
  (질문1) 우리 모둠 선생님들은 주로 어떤 경우에 교육과정을 재구성합니까?
  (질문2) 우리 모둠 선생님들은 주로 어떤 방법으로 교육과정을 재구성합니까?
- 모둠 활동을 정리하는 다양한 방법을 예시한다.

참여자

- 각자 돌아가면서 자신이 메모한 내용을 소개한다.
- 모둠 구성원들의 발표 내용을 바탕으로 활동 전지에 현장에서 교육과정 재구성이 이루어지는 다양한 이유와 방법들을 정리한다. 참여자들이 각자 메모한 포스트잇을 활용하여 정리할 수 있다.

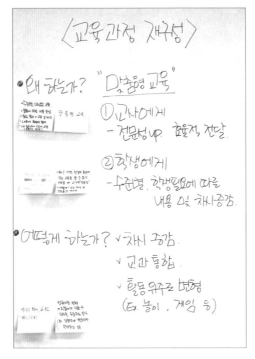

[그림 1] P2 모둠 활동 전지 예시

■ **공유하기(4단계) (15분)**

각 모둠의 대표가 모둠에서 정리한 주요 내용을 발표하여 교육과정 재구성의 이유와 방법에 대한 다양한 경험을 공유한다. 현장에서 교사들이 교육과정을 재구성하는 이유와 방법들 중에 유사한 내용이나 차별적인 내용이 있는지 살펴보는 기회를 갖는다.

촉진자 - 각 모둠별 발표 내용을 경청할 수 있는 분위기를 만든다.

참여자 - 각 모둠별로 교육과정 재구성의 이유와 방법에 대해 설명한다.
- 각 모둠별 활동 자료는 발표 후에 칠판이나 벽면에 게시한다.

■ **정리하기**(5단계) (10분)

교육과정 재구성의 이유와 방법에 대한 논의를 정리하면서 현장에서 이루어지는 교육과정 재구성의 어려움과 한계 등에 대해 생각해 보며 교육과정 문해력의 필요성을 이해하는 활동이다. 교육과정 재구성의 필요성, 재구성에 대한 경험과 인식 등을 이야기한다. 이와 관련하여 교육과정 재구성의 질 담보를 위한 교육과정 문해력의 필요성에 대해 생각해 보는 기회를 갖는다.

촉진자 - 다음 질문들을 활용하여 전체 활동 결과를 종합할 수 있도록 돕는다.
  (질문1) 교육과정 재구성과 관련하여 유사하거나 다른 점은 무엇입니까?
  (질문2) 긍정적인 경험은 무엇입니까? 부정적인 경험은 무엇입니까?
- 각 모둠별 교육과정 재구성의 이유와 방법 등을 언급하며 교육과정 재구성에 대한 현장 교사들의 개념과 인식 등을 점검할 수 있도록 돕는다.
- 교육과정 재구성이 의미 있게 이루어지기 위해서 교육과정 문해력의 필요성에 대해 생각해 보도록 안내한다.

참여자 - 교육과정 재구성의 개념과 인식을 점검한다.
- 교육과정 재구성이 국가 교육과정에 대한 읽기를 바탕으로 교사 자신의 교육과정을 쓰는 능력, 즉 교육과정 문해력과 관련이 있음을 이해한다.
- 교육과정 재구성이라는 행위 자체가 아니라 재구성 결과가 중요함을 이해한다. 이와 관련하여 '교육과정 재구성'이라는 용어의 한계에 대해 생각해 보고 '교육과정 문해력'을 살펴본다.
- 교육과정 재구성에 있어 국가 교육과정 문서를 읽는 능력이 중요함을 확인한다.

프로토콜 활용 후기

[사례1] 김미경(S초등학교)

- 여는 질문 : 올해 했던 교육과정 재구성 중에서 기억나는 것은?
- 주제 질문 : 1. 교육과정 재구성을 하는 이유는?
  2. 교육과정 재구성을 어떤 방법으로 하는가?
- 닫는 질문 : 교육과정 재구성 이야기를 나눈 소감
- 프로토콜 적용 결과 반성 및 성찰

각 교실에서 교육과정이 어떤 식으로 운영되고 있는지 궁금했다. 공동 수업 안을 만들고 모든 교사가 수업을 참관하는 시간을 갖고 있긴 하지만, 교육 과정 재구성의 편차가 크다는 것을 알 수 있었다. 성취기준을 가지고 수업을 재구성할 수 있다는 것을 알고는 있었지만, 교과서에서 다루지 않는 부분이 생기는 것에 대한 학생과 학부모의 의문에 부담을 느끼고 있었다. 교과서 그 대로 수업을 하면서 교육과정에 녹아들지 못한 다양한 체험학습으로 이중고를 겪고 있는 교사들에게 방학 동안 교육과정 재구성을 해서 2학기 운영을 여유 있게 할 수 있도록 이끄는 계기가 필요하다고 생각했다.

[사례2] 조윤영(J초등학교)

- 프로토콜 적용 결과 반성 및 성찰

우리 학년은 고학년이라 우리 학습공동체는 서로 시간을 내기가 어렵다. 6교 시 마치고 부진 학생들 지도하다 보면 금방 3시가 된다. 우리 학년은 3시에 학년 회의를 하느라 매일 모이는데 전달받고 의견 나누고 하면 30분은 눈 깜 짝할 새 간다. 그 후 공문 처리하고 뭐 하다 보면 퇴근 시간이 넘어가 버린다. 이런 상황이라 전체적으로 학습공동체에 대한 선생님들의 생각은 부정적이었다. 하면 좋은 건 알겠는데 시간이 없다. 다 같이 하니까 하는 것. 내 일 하기도 바쁘 니 열정이 안 생긴다는 내용이었다. 이처럼 학습공동체 운영에 있어서 큰 장애가 있다면 바로 운영 시간의 부족인 것 같다. 학기 초가 지나면 좀 여유로울 줄 알았 더니 5월 중순이 지난 지금도 서로 시간이 없어서 한번에 길게 이야기를 나누지 못한 점이 아쉽다. 그런데 프로토콜을 적용하면 이야깃거리가 풍성해지는 점이 좋다고 느꼈고, 우리 공동체 사람들이 좀 더 적극적인 태도로 학습공동체에 임하 기 위해서는 또 어떤 일을 함께 하면 좋을지에 대해 배우고 싶어졌다.

P3
교육과정 재구성의
수준과 범위 설정하기

개요

　교육과정 재구성의 수준과 범위에 대한 다양한 생각들을 드러내고 경험을 나누어 봄으로써 교육과정을 재구성하는 수준과 범위를 살펴본다. 이 활동을 통해 교육과정 재구성의 수준과 범위를 결정하는 데 영향을 줄 수 있는 다양한 관점들을 인식할 수 있으며, 이러한 관점들에 대한 이해와 교육과정 문해력의 관계에 대해 생각해 본다.

생각 열기 : 교육과정 에서 내가 바꿀 수 있는 것은?	내가 생각하는 교육과정 재구성의 수준과 범위	우리가 생각하는 교육과정 재구성의 수준과 범위	공유하기 : 모둠 활동 결과 발표	정리하기 : 교육과정 재구성의 수준과 범위
5분 개별 활동	10분 개별 활동	15분 모둠 활동	15분 전체 활동	5분 전체 활동

준비물

필기구, 컬러 펜, 포스트잇, 활동 전지(모둠 활동판)

진행 절차

▣ 생각 열기(1단계) : 교육과정에서 내가 바꿀 수 있는 것은? (5분)

교육과정 재구성의 수준과 범위에 대한 참여자의 생각을 꺼내는 활동이다. 촉진자의 질문에 답을 생각해 보면서 수준과 범위에 따라 교육과정 재구성이 달라질 수 있음을 인식하고 이에 대해 생각하기를 시작하는 단계이다. 사고를 자극하기 위한 활동이므로 모든 참여자가 간단하게 의견을 표현할 수 있게 하고 자신의 의견을 자유롭게 답할 수 있게 허용하는 분위기를 만든다.

촉진자

- 다음과 같은 질문에 참여자들이 손을 들거나 의견을 말하게 함으로써 교육 과정 재구성의 수준과 범위에 대한 생각을 떠올려 볼 수 있도록 돕는다.
  (질문1) 교육과정의 네 가지 영역 - '교육 목표', '교육 내용', '교육 방법', '평가 방법' - 중에서 바꿀 수 있는 것은 어느 것입니까?
  • '교육 목표'를 재구성할 수 있다고 생각하면 손을 들어 보세요.
  • '교육 내용'을 재구성할 수 있다고 생각하면 손을 들어 보세요.
  • '교육 방법'을 재구성할 수 있다고 생각하면 손을 들어 보세요.
  • '평가 방법'을 재구성할 수 있다고 생각하면 손을 들어 보세요.
  (질문2) 재구성할 수 있다고 생각한 영역은 어느 정도까지 재구성할 수 있을까요?
  • 부분만 재구성할 수 있을까요, 전체를 재구성할 수 있을까요?
  (질문3) 재구성할 수 없다면, 왜 재구성할 수 없다고 생각하세요?
  • '질문1'의 응답에 따라 '질문2'와 '질문3'을 적절히 사용한다. 자유롭게 말할 수 있는 분위기를 만들고 충분히 답을 할 수 있게 허용한다. 너무 길게 시간을 끌지 말고 교육과정 재구성의 수준과 범위에 대한 사고를 자극하는 데 초점을 두고 다음 단계로 진행한다.

참여자

- 촉진자의 질문에 대해 손을 들거나 의견을 말하면서 교육과정 재구성의 수준과 범위에 대한 자신의 생각을 떠올려 본다.

■ 개별 활동(2단계) : 내가 생각하는 교육과정 재구성의 수준과 범위 (5분)

모둠 활동에 앞서 개별 활동을 한다. 교육과정 영역 중에서 재구성할 수 있는 것과 재구성할 수 없는 것을 표시하고 재구성할 수 있는 것은 어느 수준과 어느 범위에서 재구성할지도 표시한다. 또한 그렇게 생각한 이유도 같이 기록한다. 교육과정 재구성의 수준과 범위에 대한 참여자 각자의 관점이 명확하게 드러날 수 있도록 자유롭게 의견을 표현하는 분위기를 만드는 것이 중요하다.

촉진자

- 촉진자는 교육과정의 영역, 수준, 범위에 대한 예시를 제시한다.
- 다음 질문들을 활용하여 참여자들이 교육과정 재구성의 수준과 범위를 생각해 보도록 돕는다.
  (질문1) 국가 교육과정 문서에서 재구성을 허용하는 것은 무엇입니까? 그렇게 생각한 이유는 무엇입니까?
  (질문2) 교육과정을 재구성한다면 어떤 수준에서 재구성할 수 있습니까? 그렇게 생각한 이유는 무엇입니까?
  (질문3) 교육과정을 재구성한다면 어떤 범위에서 재구성할 수 있습니까? 그렇게 생각한 이유는 무엇입니까?
  (질문4) 교육과정을 재구성할 수 없다고 답했다면 그렇게 생각한 이유는 무엇입니까?
- 교육과정 재구성을 허용하는 것과 허용하지 않는 것을 생각나는 대로 자유롭게 포스트잇에 적어 보게 한다.

참여자

- 국가 교육과정의 영역, 수준, 범위의 예시를 참고하여 재구성할 수 있는 것과 할 수 없는 것을 구분하고 그렇게 생각한 이유를 정리하여 포스트잇에 쓴다.

교육과정의 영역, 재구성의 수준과 범위

※ 교육과정 영역

　　교육 목표/교육 내용/교육 방법/평가 방법/기타

※ 교육과정 재구성의 수준

　　교육과정을 그대로 따르기/교육과정을 부분적으로 재구성하기/
　　교육과정을 창의적으로 재구성하기/교사가 자율적으로 교육과정 만들기

※ 교육과정 재구성의 범위

　　차시/단원 내/단원 융합/교과 융합/학급 내(교과~학급 운영)/
　　학교 내(교과~비교과)

■ 모둠 활동(3단계) : 우리가 생각하는 교육과정 재구성의 수준과 범위
  (15분)

같은 모둠에 속한 교사들과 함께 교육과정 재구성을 할 수 있는 수준과 범위, 그리고 그렇게 생각하는 이유에 대해 각자의 생각을 나누고 그 내용을 정리하는 활동이다. 참여자들이 각자 가지고 있는 관점을 확인하는 데 초점을 둔다. 각자 가진 의견에 공통점이 있는지 찾아보면서 모둠에서 의견을 합의할 수 있는지 시도해 본다. 정해진 답이 있는 것이 아니므로 섣불리 합의하려고 하지 말고 소수 의견도 포함하여 다양한 관점이 있음을 인식하는 데 초점을 둔다.

- 다음 질문을 활용하여 교육과정 재구성의 수준과 범위에 대해 참여자들의 생각과 이유를 공유하고 정리하도록 돕는다.
  (질문1) 교육과정 재구성의 수준, 범위에 대해 동료들은 어떻게 생각합니까?
  (질문2) 동료와 의견의 차이가 있다면 어떤 관점의 차이가 있습니까?
- 각 모둠에서 한 명씩 돌아가면서 자신의 생각을 공유하고 모둠에서 공동으로 의견을 합의해 보도록 안내한다.
- 재구성이 가능한 것과 가능하지 않은 것을 구분해서 활동 전지에 기록한다.

- 각자 돌아가면서 자신이 메모한 내용을 소개한다.
- 모둠 구성원들의 발표 내용을 바탕으로 활동 전지에 교육과정의 요소, 수준, 범위 중에서 재구성이 가능한 것과 가능하지 않은 것을 정리한다. 각자 메모한 포스트잇을 활용하여 정리할 수 있다.

[그림 2] P3 모둠 활동 전지 예시

▣ 공유하기(4단계) (15분)

　각 모둠에서 나눈 생각들을 정리하여 전체 구성원들과 공유하는 활동이다. 각 모둠의 대표가 모둠에서 교육과정 재구성의 수준과 범위에 대해 정리한 주요 내용을 발표한다. 참여자들은 발표를 들으면서 여러 참여자들의 다양한 생각을 이해하는 데 초점을 둔다.

촉진자

- 각 모둠별 발표 내용을 경청할 수 있는 분위기를 만든다.

참여자

- 각 모둠별로 교육과정 재구성의 수준과 범위에 대해 설명한다.
- 각 모둠별 활동 자료는 발표 후에 칠판이나 벽면에 게시한다.

■ 정리하기(5단계) (5분)

　교육과정 재구성의 수준과 범위에 대한 논의를 정리하면서 각각의 참여자의 생각과 교육과정에 대한 관점을 확인하고 정리하는 활동이다. 재구성이 가능한 영역과 가능하지 않은 영역, 재구성의 수준과 범위를 요약해서 이야기한다. 참여자 사이의 의견이 다른 부분에 초점을 두고 의견의 차이를 만드는 관점의 차이가 무엇인지 토론해 본다. 토론한 관점의 차이와 교육과정 재구성의 수준과 범위에 대한 참고 자료를 살펴보면서, 교육과정 재구성의 수준 및 범위와 교육과정 문해력의 개념을 연결하여 생각해 보도록 안내하고, 교육과정 재구성의 수준과 범위의 다양함이 교사와 학습자에게 어떤 영향을 줄 수 있을지 생각해 보면서 마무리한다.

촉진자

- 다음 질문들을 활용하여 전체 활동 결과를 종합할 수 있도록 돕는다.
  (질문1) 교육과정 재구성의 수준과 범위에 대한 생각이 얼마나 다양합니까?
  (질문2) 재구성의 수준과 범위에 대한 자신의 생각이 달라졌습니까, 달라지지 않았습니까? 그렇게 생각한 이유는 무엇입니까?
- 각 모둠별 교육과정 재구성의 수준과 범위를 요약하고 재구성의 수준과 범위를 정하는 데 영향을 준 관점을 정리하여 이야기한다.
- 교육과정 재구성의 수준과 범위의 다양함이 교사와 학습자에게 어떤 영향을 줄 수 있을지 생각해 보게 한다.

참여자

- 교육과정 재구성의 수준과 범위에 대한 다양한 생각을 인식한다.
- 교육과정 재구성의 수준과 범위의 다양함이 교육과정에 대한 다양한 관점에 따라 나타남을 이해한다.
- 교육과정 재구성의 수준과 범위가 교사와 학습자에게 미치는 영향을 생각해 보고, 적절한 수준과 범위에서 교육과정을 재구성하는 것이 교육적으로 의미가 있는 활동임을 이해한다.
- 교육과정 문서를 읽고 실행하는 능력이 중요함을 확인한다.

참고 자료[77]

교육과정 영역별 재구성 정도 (단위 : 명(%))

구분	전혀 안 함(1)	거의 안 함(2)	최소한으로 재구성(3)	적극적으로 재구성(4)	아주 새롭게 개발(5)	평균 (표준 편차)
교육 목표	76(26.5)	127(44.3)	77(26.8)	7(2.4)	0(0.0)	2.05(0.79)
교육 내용	8(2.8)	43(14.9)	179(62.2)	57(19.8)	1(0.3)	3.00(0.69)
교육 방법	1(0.3)	7(2.4)	133(46.3)	139(48.4)	7(2.4)	3.50(0.61)
평가 방법	3(1.0)	33(11.5)	170(59.0)	82(27.6)	0(0.0)	3.15(0.65)

평소 수업에서 교육과정 재구성 방식 (단위 : 명(%))

평소 수업 방식	
교과서나 지도서를 중심으로 하되 약간의 수정을 거친다.	176(60.3)
교육과정을 고려하여 교과서의 수준이 맞지 않으면 재구성한다.	97(33.2)
교육과정을 해석하여 학생 수준에 맞게 가르친다.	15(5.1)
교과서나 지도서에 나온 대로 가르친다.	4(1.4)

교육과정 재구성의 범위 (단위 : 명(%))

재구성 범위	1순위	2순위
한 차시 수업	151(53.4)	41(15.3)
한 단원	78(27.6)	111(41.4)
한 학기	28(9.9)	17(6.3)
여러 교과 통합	19(6.7)	67(25.0)
동일 교과	7(2.5)	32(11.9)

P4
교육과정 재구성 이야기
: 교육과정 재구성의 성공과 실패 경험

개요

교육과정 재구성의 경험 중에서 교사로서 한 단계 성장하는 데 도움이 되었던 경험들을 떠올려 보고, 그 의미에 대해 생각해 보도록 한다. 더 좋은 수업을 위해 교육과정을 재구성해서 실행해 본 경험은 성공의 경험이건 실패의 경험이건 나름의 의미를 지니기 때문에, 교사 자신의 경험에 담긴 의미를 발견하고 성찰함으로써 교육과정 전문가로서 한 단계 성장할 수 있는 기회가 될 것이다.

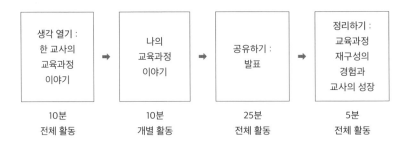

생각 열기 : 한 교사의 교육과정 이야기	나의 교육과정 이야기	공유하기 : 발표	정리하기 : 교육과정 재구성의 경험과 교사의 성장
10분 전체 활동	10분 개별 활동	25분 전체 활동	5분 전체 활동

준비물

필기구, '나의 교육과정 이야기' 기록지(A4 크기)

진행 절차

■ 생각 열기(1단계) : 한 교사의 교육과정 이야기 (10분)

교육과정 재구성 경험을 통해 성장한 교사의 사례를 제시하여 참여 교사들이 자신의 경험과 기억을 떠올리고 서로의 경험에 대해 유의미한 대화를 나눌 수 있도록 준비하는 활동이다.

교과서와 교육과정을 재구성하고 수업을 준비하면서 교사로서의

촉진자

- 본격적인 활동을 시작하기 전에, 교사의 교육과정 전문성이 교육과정을 실행하고 성찰하고 연구하는 과정에서 성장할 수 있음을 보여 주는 사례를 제시하여 참여자들이 교육과정 재구성에 대한 자신의 경험을 떠올려 볼 수 있도록 돕는다.
- 다음 참고 자료와 같이 교사의 교육과정 문해력이 변화하는 과정이 선명하게 드러나는 사례를 활용하여 참여자들의 활동을 안내한다. 교사학습공동체에 참여하고 있는 동료 교사의 이야기를 사례로 활용해도 좋다.

참여자

- 제시된 사례를 참고하여 교육과정 재구성에 대한 자신의 경험을 떠올려 본다.

성장을 경험한 사례를 공유하면서 교육과정 재구성에 관한 개인적인 경험들을 나누고 그러한 경험의 의미를 탐색할 수 있는 분위기를 형성하도록 한다.

참고 자료[78]

김 교사의 교육과정 이야기

김 교사는 2004년부터 초등학교에서 6년 동안 교사 생활을 했다. 이후 석·박사과정에서 교과서 집필자로 교과서 편찬 연구 및 개발 연구에 참여했으며, 현재는 대학에서 예비 교사에게 교육과정을 강의하고 있다.

김 교사는 부임 초기 차시라는 한계 안에서 교과서에 주어진 활동을 변경하는 정도의 교육과정 재구성을 했다. 수업 자료 공유 사이트에서 찾은 더 좋은 활동으로 교과서 활동을 대체했지만 교과서에 설정되어 있는 차시 학습 목표에서 벗어난 적은 없었고, 김 교사는 그때의 자신의 수업을 '조금 변형된 교과서 진도 나가기 수업'이었다고 평가했다. 이후 김 교사는 교육과정 운영 관리 프로그램을 활용해 학급 교육과정을 만들어 보기도 했지만, '교과별로 정해진 시수를 지키고', '교과서에 나와 있는 차시를 모두 가르치는 것'이 교사의 교육과정 운영이라는 인식을 벗어나지 못했다.

이후 석사 파견 교사로 대학에 돌아가 교육과정과 수업을 공부하고 2009 개정 통합 교과용 도서의 집필에 참여하면서 김 교사는 국가 수준 교육과정 문서를 처음으로 '사용'했다. 교과서 개발 경험을 통해 김 교사는 교과서는 교육과정 성취기준을 구현한 것이고 교사 스스로가 교육과정을 사용할 수 있다면 굳이 교과서에 얽매이지 않아도 수업을 할 수 있다는 생각을 하게 되었다. 교육과정에 대한 김 교사의 인식이 바뀐 것이다.

▣ 개별 활동(2단계) : 나의 교육과정 이야기 (10분)

교사들이 각자 자신의 교육과정 재구성 경험을 떠올려 보고 교육과정과 관련한 자신의 인식이나 역량에 의미 있는 변화를 가져온 경험을 정리해 보는 활동이다.

자신의 교직 경력을 돌아보면서 교육과정 재구성이 필요하다고 느꼈던 계기가 있었는지, 교육과정을 재구성하면서 특별히 어려움을 겪었거나 성취감을 느꼈던 적이 있는지 기록지에 정리해 볼 수 있도록 한다. 기록지는 특별했던 교육과정 재구성 경험과 그 경험으로 인한 변화를 묻는 양식으로 제시할 수도 있고, 비어 있는 종이에 교사 자신의 생각을 자유롭게 메모하도록 해도 좋다. 어느 쪽이든 참여자들이 솔직하게 교육과정 재구성 경험을 나눌 수 있는 분위기를 만드는 것이 중요하다.

촉진자

- 다음 질문들을 활용하여 참여자들이 자신의 교직 생애사를 돌아보며 성공이었든 실패였든 의미 있었던 교육과정 재구성 경험을 생각할 수 있도록 돕는다.
(질문 1) 교육과정을 재구성해 본 경험 중 기억에 남는 것은 어떤 것입니까?
(질문 2) 교육과정과 교육과정 재구성에 대한 나의 인식에 영향을 끼쳤던 결정적인 계기가 있었다면 어떤 것입니까?

참여자

- 자신의 교육과정 재구성 경험을 떠올리고 그 의미에 대해 생각해 본 후, 개인별로 배부한 기록지에 적어 본다.

나의 교육과정 이야기

소속 : 장미초   이름 : ○○○

특별했던 교육과정 재구성 경험

육아휴직 후 2014년에 복직을 하면서 수업 연구 대회에 참여하게 되었는데, 그때 스토리텔링을 통한 의사소통 능력 신장을 주제로 해 국어 교과서의 여러 단원을 통합하는 방식의 교육과정 재구성을 시도해 보았다. 지역의 옛이야기를 이용한 스토리텔링, 대상 묘사하기, 시와 노래, 역할극, 뉴스 기사 등을 활용한 정리 활동 등으로 수업을 구성하였다.

그 경험은 나를 어떻게 변화시켰나요?

처음부터 수업 연구 대회에 참여하려고 계획을 세웠던 게 아니라 갑자기 참여하게 돼서 준비 기간도 짧았고 부족한 점도 많았다. 지금 생각해 보면, 교육과정에 대한 이해도 부족했지만 나름대로 국어라는 교과에 한정해서 여러 단원의 활동들을 재구성해 운영해 보려고 노력했고, 교육과정 재구성에 대한 이해가 필요함을 느꼈다.

그리고 교과서 활동을 재구성하다 보니 수업에 대한 욕심도 더 생기고 교사에게 교육과정 문해력이 매우 중요하다는 생각도 하게 되었다. 교과서와 다르게 활동을 하는 것 자체가 아니라 왜 활동을 그렇게 구성했는지 타당한 근거를 갖추는 게 중요했고, 그러다 보니 국가 교육과정 문서에 대한 이해가 필요하다는 생각을 하게 되었던 것이다. 마침 그 이듬해에 연구부장을 맡게 되면서 교육과정에 대한 공부가 더 필요하다고 느껴 교육 방법 전공으로 대학원에도 등록했다!

[그림 3] P4 개인 기록지 예시

▣ 공유하기(3단계) (25분)

참여 교사들이 서로 의미 있었던 교육과정 재구성의 경험을 나누면서, 교육과정 재구성의 방법은 다양할 수 있으며 교육과정을 능동적으로 써 보는 경험이 교사로서의 전문성을 강화하는 데 요긴하다는 공감대를 형성할 수 있는 활동이다.

개별 활동 단계에서 작성한 기록지를 토대로 교육과정 재구성과 관련한 개인적인 경험을 발표할 수 있도록 안내한다. 자발적으로 발표할 수 있는 분위기를 만드는 것이 가장 좋지만, 그것이 어렵다면 일정한 순서를 정해 모든 참여자들이 자신의 경험을 동료 교사들과 공유할 수 있게 발표를 진행하도록 한다.

촉진자

- 참여자들이 개인별 발표 내용을 경청할 수 있는 분위기를 만든다.
- 순서를 정해 발표를 하도록 진행한다.

참여자

- 발표 순서에 따라 1~2분 정도(참여 교사 수에 따라 조정 가능) 자신의 교육과정 이야기를 발표한다.
- 개인별 '나의 교육과정 이야기' 기록지는 발표 후 칠판이나 벽면에 게시하거나 학습공동체의 그룹형 SNS를 통해 공유한다.

▣ 정리하기(4단계) (5분)

이번 차시의 활동을 마무리하는 활동이면서 적용 단계와 심화 단계의 프로토콜에 대한 교사들의 참여 동기를 부여할 수 있는 활동이기도 하다. 교육과정 재구성과 관련한 일반적인 이야기가 아니라 참여 교사들의 경험을 토대로 전체적인 활동을 정리해서, 교육과정 재구성이 소수 전문가의 영역이 아니라 모든 교사들의 일상적인 수업의 영역에서 지속적으로 이루어져야 하는 활동이라는 인식을 공유하도록 한다.

촉진자

참여자들이 공유한 내용을 바탕으로 교육과정과 교육과정 재구성에 대한 참여자들의 인식이 성장하는 계기를 몇 가지 유형으로 정리해 언급하며, 참여자들이 지속적으로 교육과정 재구성 경험을 성찰하고 의미화해 나갈 수 있도록 돕는다.

참여자

교육과정 재구성의 경험이 교직 생애사의 한 부분을 이루고 있으며, 개별 경험이 분절적으로 끝나지 않고 결합되고 해석될 때 교사의 교육과정 전문성이 성장할 수 있음을 확인한다.

/

Chapter 3

적용 단계 프로토콜 :

교과 수준 교육과정 재구성하기

적용 단계
프로토콜 개관

개요

"교과 수준 교육과정 재구성하기" 프로토콜은 교사학습공동체에서 교육과정과 교육과정 재구성의 이해를 바탕으로 교과 수준의 교육과정 재구성을 계획하고 실행하고자 할 때 활용할 수 있는 프로토콜을 소개하고 실습하는 데 초점을 둔다. 교사학습공동체 구성원들은 교과 교육과정 문서의 이해를 시작으로 수업 목표와 수업 주제를 분석한다. 교육과정 문서의 분석을 토대로 교과 교육과정 재구성의 방향, 수준과 범위를 설정하고 이를 바탕으로 교과 수준에서 교육과정 재구성을 실행해 보고 교육과정 재구성에 대해 성찰한다. 이를 통해 교과 수준의 교육과정 문해력을 기르도록 한다.

진행 단계

[표 14] 적용 단계 프로토콜의 단계 및 내용 구성

구분	활동 주제 및 프로토콜
P5	■ 교과 교육과정 문서의 이해 　- 개별 활동 : 해당 교과의 교육과정 문서를 읽기 　- 모둠 활동 : 교과 교육과정에 대한 구성원의 해석을 공유하기 　- 발표 및 정리하기 : 교과 교육과정에 대한 다양한 해석을 이해
P6	■ 수업 목표 및 주제 분석 　- 생각 열기 : 교과 교육과정 재구성에 대한 나의 생각은? 　- 모둠 활동 : 학습 내용의 위계와 학습 순서 구성 　- 발표 및 정리하기 : 교과 교육과정의 학습 내용의 위계와 순서
P7	■ 교과 수준 교육과정 재구성 　- 생각 열기 : 교과 교육과정 재구성 사례 　- 모둠 활동 : 교과 교육과정 재구성의 수준과 범위 　- 모둠 활동 : 교과 교육과정을 재구성하기 　- 발표 및 정리하기 : 재구성한 교과 교육과정을 공유하기
P11	■ 재구성 과정 및 결과에 대한 성찰 　- 생각 열기 : 재구성 과정 및 결과 되짚어 보기 　- 개별 활동 : 교과 교육과정 재구성의 의미 　- 발표 및 정리하기 : 재구성을 넘어, 돌아보는 교육과정

대안적 진행 방법

　교사학습공동체 구성원의 교직 경력이 많아 교과의 학습 내용에 대한 이해가 충분한 경우 : P5+P7+P11

　교사학습공동체 구성원 중에 경력이 짧은 교사가 많거나 교과의

학습 내용에 대한 이해가 충분하지 않은 경우 : P5+P6+P7+P11

프로토콜 적용 시 유의점

프로토콜 적용 전 사전 안내나 적용 후의 사후 정리 단계에서 교과 교육과정 재구성 관련 연구 내용과 현장 교사들의 실천 사례에 대한 정보를 제공할 수 있다.

공동체의 구성원에 따라 같은 교과로 구성된 모둠 단위로 진행하거나, 같은 교과 담당자가 많은 경우 여러 모둠이 연합하여 할 수 있다. 예를 들어 중등학교 공동체인 경우 국어 모둠, 수학 모둠, 사회 모둠, 과학 모둠 등 교과별로 모둠을 구성하고 모둠별로 활동할 수 있다(다른 교과 모둠이 연합하여 전체 공유하기는 생략할 수 있음). 초등학교 공동체인 경우 국어 모둠 1, 국어 모둠 2, 국어 모둠 3으로 구성하여 모둠별 활동 후에 전체 공동체에서 각 모둠 활동을 공유하는 활동까지 하면서 국어 교과 수준의 재구성 활동을 할 수 있다.

P5
교과 교육과정 문서의 이해

개요

교과 교육과정 재구성을 위한 출발점으로서 교과 교육과정 문서의 내용을 살펴보고 교과의 목표, 학습 내용, 성취기준 등 교과 교육과정의 내용과 이론적 배경을 해석하고 이해함으로써 교육과정의 내용을 깊이 생각해 본다.

이 단계에서는 교과별로 모둠을 구성하여 활동하며 교과의 교육과정 문서에 대한 개인의 해석이 얼마나 일치하는지 확인한다. 교육과정 문서에 대한 해석의 차이는 교육과정 실행의 차이로 연결되

므로 교사학습공동체에서 교육과정 문서에 대한 해석의 차이를 이
해하고 교사학습공동체 수준에서 교육과정 해석을 공유하는 것이
필요함을 생각해 보도록 한다.

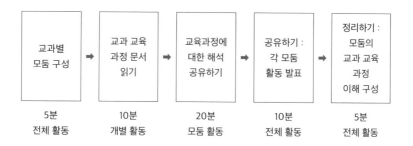

준비물

각 교과의 교육과정 문서(공동체 상황에 따라 학년군과 교과 선정),
필기구, 컬러 펜, 포스트잇, 활동 전지(모둠 칠판)

진행 절차

◼ 교과별 모둠 구성(1단계) (5분)

교과 수준 교육과정 재구성 활동은 공동체 구성원 각각의 생각을
충분히 표현하고 토의하는 것이 필요하므로 모둠으로 나눠서 활동
하도록 한다. 개인의 생각을 충분히 표현할 기회를 골고루 가질 수
있도록 모둠은 3~5명 정도로 구성한다.

촉진자
- 교과 수준 교육과정 재구성 활동의 목적과 방향에 대해 설명하고 학교급이나 교과를 고려하여 같은 교과 담당자들이 모여서 모둠을 구성하도록 돕는다.
- 모둠은 공동체의 크기나 참여자의 수를 고려하여 3~5명으로 구성한다.
- 모둠별로 자리에 앉게 안내하고 모둠 활동을 준비한다.

참여자
- 교과의 교육과정 문서의 내용을 탐구하기 위해 국어 모둠, 수학 모둠, 사회 모둠, 과학 모둠 등 교과별로 모둠을 구성한다.
- 교과별 모둠이 구성되면 구성원들 간 인사 나누기 등을 통해 편안한 분위기를 조성하도록 한다.

▣ 개별 활동(2단계) : 교과 교육과정 문서 읽기 (10분)

각 모둠에서 구성원들은 해당 교과 교육과정의 문서를 읽고 자신의 이해를 메모지에 작성한다. 교과 교육과정 문서는 교육과정 재구성의 범위에 따라 학기, 학년, 학년군으로 정할 수 있다.

촉진자
- 각 모둠의 활동이 원활하게 진행될 수 있도록 돕는다.
- 다음 질문을 활용하여 구성원들이 교육과정 문서에 대해 해석한 내용을 드러낼 수 있게 돕는다.
  • ○○과 ◇학년에서 가르치라고 하는 주제는 무엇입니까?
  • ○○과 ◇학년에서 가르치라고 하는 성취기준은 무엇입니까?
  • ○○과 ◇학년에서 어떤 내용을 가르쳐야 한다고 생각합니까?
  • ○○과 ◇학년에서 자신이 가르쳐야 한다고 생각하는 주제(또는 성취기준)와 교육과정 문서의 주제(또는 성취기준)가 일치합니까?

참여자
- 개인별로 교과 교육과정 문서의 내용을 읽고 촉진자가 제시하는 질문을 참고하여 자신의 이해를 메모지에 작성한다.
- 교육과정 문서의 이해를 바탕으로 재구성의 필요성, 재구성의 범위 등에 대한 자신의 생각을 메모지에 작성한다.

▣ 모둠 활동(3단계) : 교육과정에 대한 해석 공유하기 (20분)

개별 활동에서 교과 교육과정에 대한 해석과 이해를 교과 모둠에서 공유하는 활동이다. 이 활동을 통해 교과 교육과정에 대한 각 개인의 해석의 다양함이나 이해의 차이를 알 수 있다.

촉진자
- 각 모둠에서 개인이 해석한 교과 교육과정 문서의 이해와 재구성의 필요성을 설명하게 한다.
- 유사한 의견과 차이 있는 의견을 구분하게 하고 차이 있는 의견의 경우는 보충 설명을 추가하도록 안내하여 의견의 차이를 이해하고 좁힐 수 있도록 안내한다.

참여자
- 각 모둠에서 개인이 해석한 교과 교육과정 문서의 이해와 재구성의 필요성을 설명하고 각 구성원의 생각을 비교한다.
- 각 구성원이 작성한 메모지나 의견을 유사한 것과 차이 있는 것으로 구분하고 차이 있는 의견에 대해서는 그렇게 생각한 까닭을 추가로 말한다.
- 각 구성원이 가진 생각의 차이를 좁히고 모둠에서 합의할 수 있도록 의견을 정리한다.

◼ **공유하기**(4단계) (10분)

교과 수준 교육과정에 대한 각 모둠의 이해를 공동체 전체에 발표하면서 교과 교육과정의 이해와 재구성의 방향에 대해 돌아보는 활동이다. 각 모둠의 발표를 다른 모둠에서 평가하면서 다양한 관점으로 교과 교육과정의 이해와 재구성의 방향을 검토함으로써 교육과정 재구성이 타당한지 평가해 본다.

작은 공동체에서 교과별 모둠 하나로 활동할 때는 이 단계를 생략할 수 있다.

촉진자
- 각 모둠의 발표 내용을 경청할 수 있는 분위기를 만든다.

참여자
- 각 모둠별로 교과 수준 교육과정의 이해와 재구성의 필요성 등 각 모둠의 활동 결과를 정리하여 발표한다.
- 각 모둠별 활동 자료를 칠판이나 벽면에 게시한다.

6학년 국어 읽기
자신의 지식과 경험을 활용하여 능동적으로 의미를 구성하는 능력, 비판적으로 이해하는 능력을 기르는 데 중점을 둔다.
글쓴이가 말하고자 하는 주장이나 주제를 파악하기가 필요한 학생들이 많다.

6학년 국어 듣기·말하기
발표, 토의, 토론 등 일상에서 다른 사람과 의사소통하는 능력을 기르는 데 중점을 둔다. 대화하며 상대방을 배려하지 않는 학생들을 많이 보았다. 때문에 상대방의 상황을 이해하고 공감하는 태도와 듣기·말하기에서 절차, 규칙, 태도의 학습을 중점으로 둬야 한다.

그림책 읽기
《사라, 버스를 타다》 다문화 배려
《돼지책》 가정(엄마) 역할 분담, 배려 등

6학년 국어 문법
낱말에 대한 이해와 활용 능력을 신장하고, 어법에 맞는 표현을 사용하는 태도를 기르는 데 중점을 둔다. 학생들이 자주 사용하는 말을 수업에서 활용한다.

6학년 국어 쓰기
독자를 존중하고 배려하는 글, 자신의 체험과 감상이 드러나는 글, 독자에게 알맞은 글을 쓰는 데 중점을 둔다. 글쓰기에 익숙하지 않은 학생이 많으므로 자신의 경험을 글로 표현하게 한다.

6학년 국어 문학
학생들이 좋아하는 다양한 문학 작품을 감상하고 이에 대해 생각하면서 문학과 학생들의 삶을 연결해 보게 한다. 학생들의 삶을 문학의 형식으로 표현하도록 한다.

배려하는 말을 들었을 때의 경험과 느낌 글로 써 보기
or
친구나 다른 사람의 말에 상처받거나 기분 나빴던 경험, 느낌 글로 써 보기

[그림 4] P5 모둠 활동지(칠판) 예시

■ **정리하기**(5단계) (5분)

    교과 수준의 교육과정에 대한 각 구성원의 생각을 비교하면서 공통점과 차이점을 찾아보고, 이를 토대로 교과 교육과정의 이해를 공유하고 이해의 차이를 줄이며 교육과정 재구성의 필요성에 합의하고 교육과정 재구성의 가능성을 인식하는 활동이다.

촉진자

- 각 모둠별로 정리한 교과 수준 교육과정에 대한 개인의 이해에 대해 공통점이나 차별점 등을 찾아볼 수 있도록 하여, 이해에 대한 차이가 교과 교육과정의 실행이나 교육과정 재구성에 영향을 줄 수 있음을 인식하게 한다.
  (예) ○○과 교육과정은 내용이 체계적으로 조직되어서 재구성이 필요 없다고 생각하는 사람도 있으나, 현장의 경험을 근거로 내용의 위계가 학습자의 학년에 적절하지 않다고 생각하는 사람도 있다.
  ○○과 교육과정의 저자는 어떤 의도로 교육과정을 이렇게 작성했을까?

참여자

- 교과 수준 교육과정의 이해의 다양함을 인식하고 이해의 공통점이나 차별점을 찾고 이런 차이가 교육과정 실행이나 재구성에 영향을 줄 수 있음을 인식한다.
- 교과의 특성이나 교육과정에 대한 이해에 따라 교육과정 재구성의 방향이나 방식이 다름을 인식한다.

P6
수업 목표 및 주제 분석

개요

    교과 수준에서 교육과정을 재구성하기에 앞서 교육과정 재구성의 필요성을 다시 생각해 보고 교과 교육과정 문서에 대한 이해를 바탕으로 교과 교육과정 재구성의 개요와 주제망을 만드는 활동이다.

    교과 교육과정의 이해와 학습자 및 학교의 상황을 고려하여 교과 교육과정 재구성의 방향을 정하고 교육과정의 학습 내용과 수행 활동을 재구성하여 교과 수준 교육과정 재구성을 탐색해 본다.

생각 열기 : 교육과정의 재구성이 필요한 까닭은?	교과 교육과정 학습 내용의 위계 구성하기	공유하기 : 모둠 활동 결과 발표하기	정리하기 : 교육과정 재구성의 경험
5분 전체 활동	25분 모둠 활동	15분 전체 활동	5분 전체 활동

준비물

각 교과의 교육과정 문서(공동체 상황에 따라 학년군과 교과 선정),
필기구, 컬러 펜, 포스트잇, 활동 전지(모둠 칠판)

진행 절차

■ 생각 열기(1단계) : 교육과정의 재구성이 필요한 까닭은? (5분)

본격적인 활동을 시작하기 전에 교과 수준의 교육과정 재구성의
필요성을 인식하고 교육과정 재구성이 필요했던 경험을 떠올려 볼
수 있도록 돕는 활동이다.

촉진자

- 다음과 같은 질문을 참여자들에게 제시하고 자유롭게 답해 보도록 함으로써
참여자들이 교과 수준 교육과정 재구성의 필요성에 대해 생각해 볼 수 있도
록 돕는다.
(질문1) ○○과 교육과정에 따라 수업하면서 불편했던 경험이 있습니까?
(질문2) 교육과정은 누가 작성했을까요? 또 어떤 의도로 작성했을까요?

참여자

- 촉진자의 질문에 대해 답하면서 교과 수준의 교육과정의 운영 경험에서 불
편했거나 개선할 점을 생각해 보고 교육과정의 재구성이 가능하며 재구성이
필요한 이유와 목적에 대해 생각해 본다.

■ 모둠 활동(2단계) : 교과 교육과정 학습 내용의 위계 구성하기 (25분)

교과 교육과정의 세부 학습 주제, 성취기준을 비교하면서 학습 내용을 포괄하는 핵심 주제가 있는지 찾아보고 핵심 주제 중심으로 세부 학습 주제와 성취기준을 연결하여 주제망을 만드는 활동이다.

촉진자

- 다음 질문들을 활용하여 참여자들이 교과의 핵심 주제와 연결하는 주제망을 만들어 볼 수 있도록 돕는다.
(질문1) 세부 주제나 성취기준을 볼 때 전체 내용을 포괄할 수 있는 핵심 주제는 무엇입니까?
(질문2) 세부 학습 주제나 성취기준을 달성하기 위해 학생들이 해야 할 활동을 나열할 수 있습니까?
(질문3) 핵심 주제와 관련 있는 세부 학습 주제나 성취기준의 학습 순서가 있습니까?

참여자

- 교과 교육과정의 핵심 주제를 활동 전지의 가운데에 쓰고, 그 주제와 관련 있는 성취기준, 학습 내용, 수행 활동 등을 포스트잇에 써서 핵심 주제 아래에 위계적으로 배열한다.
- 나머지 부분에 핵심 주제를 선정한 이유, 주제의 위계를 구성한 이유 또는 보충 설명을 기록한다.

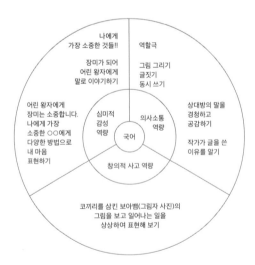

[그림 5] P6 모둠 활동 전지 예시

■ 공유하기(3단계) (15분)

각 모둠이 작성한 교과 학습 내용 주제망을 전체 구성원들과 공유하는 활동이다.

촉진자 - 각 모둠별 발표 내용을 경청할 수 있는 분위기를 만든다.

참여자 - 각 모둠별로 구성원들이 작성한 교과 교육과정 주제망에 대해 설명한다.
- 각 모둠별 활동 자료는 발표 후에 칠판이나 벽면에 게시한다.

■ 정리하기(4단계) (5분)

교과 교육과정의 학습 내용의 위계와 재구성의 필요성에 대한 발표를 들은 후에 의견을 주고받으면서 지금까지의 활동을 정리한다. 교과의 특성이나 교육과정에 대한 해석의 차이, 또 교육과정 재구성의 필요성에 대한 인식에 따라 학습 내용의 위계나 재구성의 주제망이 다양함을 인식한다. 이를 통해 교육과정에 대한 해석의 차이, 또는 교육과정 재구성에 대한 인식의 차이가 교육과정 문해력과 관련이 있음을 인식한다.

촉진자 - 각 모둠이 발표한 활동 결과물에 대해 서로 의견을 주고받을 수 있도록 기회를 준다. 교과 교육과정 문서의 내용에 대한 개인의 해석이 다양할 수 있다는 것과 이러한 차이가 교육과정 재구성에 영향을 줄 수 있다는 것을 인식하도록 돕는다.

참여자 - 각 모둠의 활동 결과물에 대한 의견을 주고받으면서 교과 수준의 교육과정 재구성에 대한 공동체의 생각을 정리한다.

P7
교과 수준 교육과정 재구성 계획

개요

교사학습공동체 구성원들과 함께 실행할 수 있는 구체적인 교과 수준 교육과정을 재구성해 본다. 공동체에서 합의한 교과 교육과정 문서의 이해, 재구성의 방향 및 재구성의 개요를 담은 주제망을 참고하여 구체적인 교육과정으로 재구성한다.

이러한 활동을 하면서 참여 교사들은 교육과정의 세부 학습 주제의 내용과 학습 순서 및 성취기준을 재설정하면서 교육과정 재구성을 경험할 수 있으며 이러한 경험을 통해 교육과정 문해력을 향상시킬 수 있다.

생각 열기 : 교과 수준의 교육과정 재구성 사례	→	교과 수준 교육과정 세부 계획 작성	→	공유하기 : 모둠 활동 결과 발표	→	정리하기 : 교과 수준 교육과정 재구성 결과물
5분 전체 활동		25분 모둠 활동		15분 전체 활동		5분 전체 활동

준비물

각 교과의 교육과정 문서(공동체 상황에 따라 학년군 선정) 및 교과서, 필기구, 컬러 펜, 포스트잇(두 종류), 활동 전지(모둠 칠판)

진행 절차

■ 생각 열기(1단계) : 교과 수준의 교육과정 재구성 사례 (5분)

교과 수준 교육과정 재구성을 위한 모둠 활동을 시작하기에 앞서 관련 사례를 살펴보면서 앞으로의 활동을 준비한다.

촉진자

- 모둠 활동을 시작하기 전에 교과 수준의 교육과정 재구성 사례를 소개하고, 다음과 같은 질문을 통해 참여자들이 교과 수준 교육과정 재구성이 가능함을 생각하도록 돕는다.
(질문1) "물"과 관련 있는 물리학, 화학, 생명과학, 지구과학 개념으로 과학과 교육과정을 재구성하거나 "지속 가능한 발전"의 주제로 사회 교과의 국토에 대한 단원을 재구성할 수 있습니다. 이런 교육과정 재구성은 어떤 장점이 있을까요?

참여자

- 교과 수준의 교육과성 재구성에 대한 사례에서 이용할 수 있는 방안이나 교육과정 재구성의 장점을 떠올려 본다.

■ 모둠 활동(2단계) : 교과 수준 교육과정 재구성 세부 계획 작성 (25분)

교과 교육과정 문서에 대한 이해와 학습 내용 및 성취기준을 분석한 앞 활동의 결과를 바탕으로 교과 수준의 교육과정을 재구성하는 활동이다. 어떤 핵심 주제를 중심으로 교과의 세부 학습 내용의 순서나 성취기준을 정하고 학습 내용을 적절한 분량의 차시로 구성할지 등 세부 사항을 모둠별로 협의하여 정한다.

촉진자

- [P5]와 [P6]의 활동을 바탕으로 참여자들이 교육과정의 세부 계획을 채워 나갈 수 있도록 돕는다.

참여자

- 각 모둠에서는 교과 교육과정의 핵심 주제를 정하고 핵심 주제에 맞게 세부 학습 내용의 순서와 성취기준을 재구성한다. 학습 내용에 맞게 차시를 나누고 각 차시의 수업 내용을 간략하게 계획한다.

사회과 5~6학년군 (○○단원)

* 단원 내의 재구성

단원	성취기준	차시	학습 주제	내용 및 활동
2. 환경과 조화를 이루는 국토	인간을 둘러싸고 있는 인문환경과 자연환경의 뜻을 알고 그 특성에 대해 설명할 수 있다.	1	인문환경의 의미와 특성	•도시의 모습을 통해 인문환경 특성에 대해 이야기하기
		2	자연환경의 의미와 특성	•촌락의 모습을 통해 자연환경 특성에 대해 이야기하기
		3	인간과 환경의 관계 이해	•환경이 인간에게 영향을 준 사례 •인간이 환경에게 영향을 준 사례 •인간과 환경의 균형 관계
	국토 개발의 사례를 찾아보고 그 특징과 필요성을 설명할 수 있다.	4	국토 개발의 장단점	•국토 개발의 의미 알아보기 •국토 개발 사례에 대한 찬반 토론하기
	지속 가능한 발전의 사례를 찾아 그 특징과 필요성을 설명할 수 있다.	5	지속 가능 발전의 필요성	•미래 자원 고갈 현황을 살펴보기 •미래의 모습 상상하기
		6~7	지속 가능 발전의 사례	•지속 가능 발전에 대한 여러 사례 조사하기 •지속 가능 발전에 대한 의견 발표하기
	우리나라 국토 수준에서 인간과 환경은 상호보완적인 관계임을 이해하고 친환경적인 태도를 실천하기 위한 방안을 제시할 수 있다.	8~9	지속 가능 발전 태도 실천하기	•친환경 단체와 활동 소개하기 •친환경 태도를 실천하는 방안 토론하기 •생활 속에서 실천하기 위한 계획 작성하기

[그림 6] P7 모둠 활동 진지 예시 1

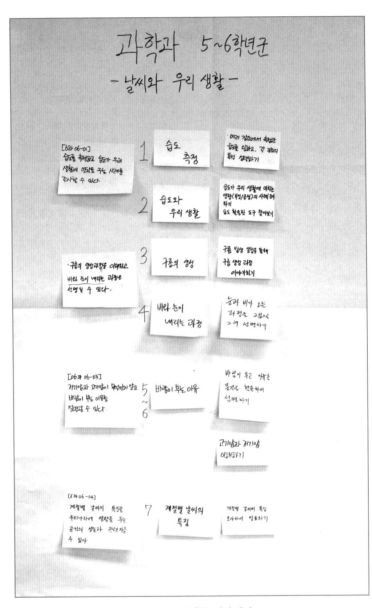

[그림 7] P7 모둠 활동 전지 예시 2

▣ 공유하기(3단계) (15분)

각 모둠에서 작성한 교과의 재구성 교육과정을 전체 구성원들과 공유하도록 한다.

- 각 모둠별 발표 내용을 경청할 수 있는 분위기를 만든다.

- 각 모둠별로 구성원들이 작성한 재구성 교육과정에 대해 설명한다.
- 각 모둠별 활동 자료는 발표 후에 칠판이나 벽면에 게시한다.

▣ 정리하기(4단계) (5분)

교과 수준에서 교육과정을 재구성한 결과물에 대해 서로 이야기를 주고받으면서 이 차시의 활동을 마무리한다. 교사학습공동체에서 합의한다면 재구성한 교육과정을 교과서 형태로 정교화한 후 교실 현장에 적용할 수 있다. 교육과정 문서의 이해를 시작으로 교육과정을 분석하고 재구성하여 학교 현장에서 실행한다면 교육과정 집필과 교과서 집필 수준의 교육과정 문해를 경험한 것이다. 이런 경험은 교사의 교육과정 문해력의 향상을 도울 수 있다.

- 각 모둠별로 제출한 활동 결과물에 대해 서로 의견을 주고받을 수 있도록 한다. 교과 수준의 교육과정 재구성은 학습 내용, 성취기준 및 차시 구성 등을 재구성하는 것으로 교육과정에 대한 적절한 해석을 기반으로 학습자와 학교의 상황에 맞는 교육과정을 만드는 작업이라는 것을 인식할 수 있도록 돕는다.

- 각 모둠의 활동 결과물에 대해 자유롭게 이야기를 나눈다.

/

Chapter 4

심화 단계 프로토콜 :
교과 통합 수준 교육과정 재구성하기

심화 단계
프로토콜 개관

개요

"교과 통합 수준 교육과정 재구성하기"프로토콜은 교사학습공동체에서 교과 통합 수준의 교육과정 재구성을 계획하여 실행하고자 할 때 활용할 수 있는 프로토콜을 소개하고 실습하는 데 초점이 있다. 학습공동체 구성원들은 개별 교과의 교육과정에 대한 분석을 토대로 서로 다른 교과의 교육과정을 비교·분석하는 것에서부터 교과 통합 수준에서의 교육과정 재구성 작업을 시작할 수 있다. 이어서 여러 교과의 범위를 넘어선 교과 간 통합의 중심이 될 교육과정 재구성의 목표와 주제를 수립하고 구체적인 재구성 계획을 마련해 봄으로써 학습공동체 구성원들의 교과 통합적 교육과정 문해력을 기르도록 한다.

진행 단계

[표 15] 심화 단계 프로토콜의 단계 및 내용 구성

구분	활동 주제 및 프로토콜
P8	▣ 교과 간 교육과정 비교 분석 　- 모둠 활동 : 교과별 전문가 모둠 구성, 교과 수준 교육과정 엿보기 　- 발표 및 정리하기 : 교과 간 교육과정 비교
P9	▣ 교과 통합적 주제·목표 분석 　- 생각 열기 : 왜 교과 통합을 이야기하는가? 　- 개별 활동 : 교과 통합적 주제망 준비하기 　- 모둠 활동 : 교과 통합적 주제망 짜기 　- 발표 및 정리하기 : 교육과정 문해력과 교과 통합
P10	▣ 교과 통합 수준 재구성 계획 　- 생각 열기 : 교과 통합 수준의 교육과정 재구성 사례 　- 모둠 활동 : 교과 통합의 주제와 목표 정하기 　- 모둠 활동 : 교과 통합 수준의 교육과정 만들기 　- 발표 및 정리하기 : 재구성을 넘어 교사의 교육과정으로
P11	▣ 재구성 과정 및 결과에 대한 성찰 　- 생각 열기 : 재구성 과정 및 결과 되짚어 보기 　- 개별 활동 : 교과 통합적 교육과정 재구성의 의미 　- 발표 및 정리하기 : 재구성을 넘어, 돌아보는 교육과정

대안적 진행 방법

교과 통합 수준 교육과정 재구성 계획을 구체화하는 데 초점을 둘 경우, P10을 여러 차시에 걸쳐 진행할 수 있다. 예를 들어

P8+P9+P10+P10+P11와 같이 프로토콜을 적용할 수 있다.

프로토콜 적용 시 유의점

프로토콜 적용 전 사전 안내나 적용 후의 사후 정리 단계에서 교과 통합 수준 교육과정 재구성 관련 연구 내용과 현장 교사들의 실천 사례에 대한 정보를 제공할 수 있다.

P8
교과 간 교육과정 비교 분석

개요

   교과 통합 수준에서의 교육과정 재구성 활동을 위한 출발점으로서, 각 교과의 교육과정을 먼저 살펴보고 그 결과를 토대로 여러 교과의 교육과정을 비교하면서 공통점과 차이점에 대해 생각해 본다.

   이 단계에서는 전문가 협동 학습 모형을 적용하여 초등학교에서는 교과별 전문가 역할을 맡은 교사들이, 중·고등학교에서는 교과 담당 교사들이 각 교과의 교육과정에 대해 설명하도록 한다. 교과 수준 교육과정을 이해한 다음에는 여러 교과의 교육과정을 종합적으로 분석하는 과정에서 교과 통합의 필요성과 가능성에 대해 생각해 보도록 한다.

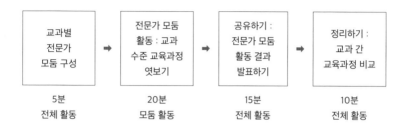

준비물

2015 개정 교과 교육과정(공동체 상황에 따라 학년군과 교과 선정), 필기구, 컬러 펜, 포스트잇, 활동 전지(모둠 칠판)

진행 절차

▣ 교과별 전문가 모둠 구성(1단계) (5분)

이 프로토콜은 여러 교과의 교육과정을 비교해 보는 활동으로 진행된다. 주어진 시간 내에 개별 교과의 교육과정에 대한 분석 작업을 토대로 여러 교과의 교육과정을 종합적으로 분석하는 활동까지 진행하려면 전문가 협동 학습 모형을 활용하여 진행하는 것이 효율적이므로 본격적인 활동에 앞서 전문가 모둠을 구성하도록 한다.

촉진자

- 활동의 방향에 대해 설명하고 개별 교과에 대한 관심과 전문성 등을 고려하여 교과별 전문가 모둠(5명 내외, 4~5모둠)을 구성할 수 있도록 돕는다.
- 모둠별로 자리에 앉게 안내하여 모둠 활동을 준비한다.

참여자

- 교과별 교육과정을 탐구하기 위해 국어, 수학, 사회, 과학 또는 기타 교과로 모둠을 구성한다.
- 전문가 모둠이 구성되면 구성원들 간 인사 나누기 등을 통해 편안한 분위기를 조성하도록 한다.

■ 전문가 모둠 활동(2단계) : 교과 수준 교육과정 엿보기 (20분)

전문가 모둠에서는 선택한 교과의 교육과정을 분석하여 정리하는 활동을 한다. 교사학습공동체의 특성에 따라 전문가 모둠의 구성은 다양할 수 있으며, 여러 교과 담당 교사가 모둠을 이룬 경우 선택한 교과의 담당 교사 또는 전담 교사를 중심으로 모둠 활동을 진행할 수 있도록 안내한다. 활동 결과를 모둠 활동 전지나 칠판 등을 이용해 시각화하여 정리해 두면 전체 참여자들이 교과 수준 교육과정 분석 결과를 공유할 때 도움이 된다.

촉진자

- 각 전문가 모둠의 활동이 원활하게 진행될 수 있도록 돕는다.

참여자

- 각 모둠별로 선택한 교과의 교육과정을 살펴보고 내용 성취기준 등 세부 내용을 분석해 본다.
- 분석 활동이 마무리되면 활동 전지를 활용해 분석한 내용을 시각화하여 정리한다.

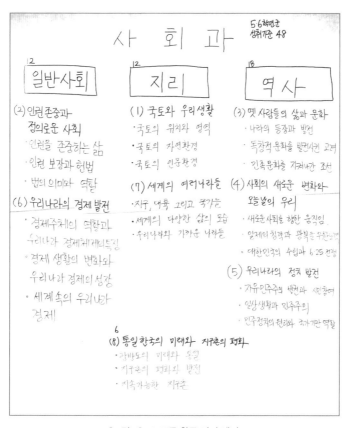

[그림 8] P8 모둠 활동 전지 예시

■ 공유하기(3단계) (15분)

전문가 모둠에서 교과 수준 교육과정을 분석한 결과를 전체 구성원들과 공유하는 활동이다. 이 활동을 통해 참여자들은 여러 교과의 교육과정을 두루 살펴볼 수 있다. 추가 시간을 확보할 수 있다면 각 교과별로 교육과정 내용을 살펴본 후에 내용 이해를 위한 질의응답 시간을 충분히 가지는 것이 좋다.

- 각 모둠별 발표 내용을 경청할 수 있는 분위기를 만든다.

- 각 모둠별로 교과 수준 교육과정을 분석한 내용을 설명한다.
- 각 모둠별 활동 자료는 발표 후에 칠판이나 벽면에 게시한다.

▣ 정리하기(4단계) (10분)

교과 수준의 교육과정을 비교하면서 공통점과 차이점을 찾아보고, 이를 토대로 교과 간 통합의 가능성과 필요성을 인식하도록 하는 활동이다. 여러 교과의 교육과정을 비교하는 활동을 통해 교과 통합 수준에서의 교육과정 재구성을 위한 근거를 찾고 간단한 아이디어들을 모색해 보도록 한다.

- 각 모둠별로 정리한 교과 수준 교육과정에 나타난 공통점이나 차별점 등을 찾아볼 수 있도록 하여, 참여자들이 교과 간 통합에 대한 문제의식을 인식하고 교과 통합을 위한 간단한 아이디어를 떠올려 볼 수 있도록 돕는다.
(예) "국어과와 사회과 교육과정에 유사한 부분이 있나요?", "교과는 다르지만 묶어서 다루어 볼 만한 내용이 있나요?" 등

- 교과 수준 교육과정에 나타난 공통점이나 차별점을 찾고, 교과 통합을 위한 아이디어를 떠올려 본다.

📝 활용 팁

53~55쪽의 교과 교육과정의 내용 체계에 대한 설명을 참고하세요.

개요

교과 통합 수준에서 교육과정을 재구성하기에 앞서 교과 통합의 필요성과 목적에 대해 생각해 보고, 교과 수준 교육과정을 비교·분석한 결과를 바탕으로 교과 통합적 주제망을 만들어 본다.

개별 교과의 교육과정이 담고 있는 내용들 중에는 통합이 가능한 것들이 있으며, 통합적으로 다루어질 때 교육과정의 목표에 더 부합하는 교수·학습이 가능한 것들도 있음을 알고, 교과 통합적 주제망을 작성해 봄으로써 교과 통합 수준 교육과정 재구성의 방법을 탐색하도록 한다.

생각 열기 : 왜 교과 통합을 이야기 하는가?	교과 통합적 주제망 준비하기	교과 통합적 주제망 짜기	공유하기 : 모둠 활동 결과 발표	정리하기 : 교육과정 문해력과 교과 통합
5분 전체 활동	10분 개별 활동	20분 모둠 활동	10분 전체 활동	5분 전체 활동

준비물

2015 개정 교과 교육과정(공동체 상황에 따라 학년군 선정), 필기구, 컬러 펜, 포스트잇(2종류), 활동 전지(모둠 칠판)

진행 절차

■ 생각 열기(1단계) : 왜 교과 통합을 이야기하는가? (5분)

본격적인 활동을 시작하기 전에 교과 통합 수준의 교육과정 재구성의 필요성을 인식하고 관련 경험을 떠올려 볼 수 있도록 하는 활동이다. 여러 교과의 교육 내용을 통합적으로 다루는 방식의 교육과정 재구성이 필요하다고 느꼈던 경험, 실제로 그러한 방식의 교육과정 재구성을 시도해 본 경험에 대해 이야기를 나누면서 교과 통합 수준의 교육과정 재구성 활동을 준비할 수 있도록 한다.

촉진자

- 다음과 같은 질문을 참여자들에게 제시하고 자유롭게 답해 보도록 함으로써 참여자들이 교과 통합 수준 교육과정 재구성의 필요성과 목적에 대해 생각해 볼 수 있도록 돕는다.
  (질문1) 개인적으로 '교과 통합'이 필요하다고 생각한 적이 있습니까?
  (질문2) '교과 통합 수준 교육과정 재구성'을 시도해 본 적이 있습니까?

참여자

- 교과 통합 수준의 교육과정 재구성이 필요한 이유와 목적에 대해 생각해 본다.

▣ 개별 활동(2단계) : 교과 통합적 주제망 준비하기 (10분)

여러 교과의 교육과정을 비교하면서 유사한 학습 요소가 있는지, 하나의 주제를 중심으로 서로 관련지을 수 있는 학습 요소가 있는지 메모해 보면서 교과 통합적 주제망을 만들기 위한 준비를 하는 활동이다.

모둠 활동을 하기에 앞서 참여자들 각자가 여러 교과의 교육과정을 비교하면서 유사한 학습 요소가 있는지, 여러 학습 요소를 하나로 묶을 수 있는 주제가 있는지 찾아보도록 한다. 다음 단계에서 교과 통합을 위한 아이디어를 정리하고 구체화하는 작업을 할 것이므로, 이 단계에서는 가급적 다양한 아이디어를 끌어내는 데 주안점을 둔다.

촉진자

- 다음 질문들을 활용하여 참여자들이 교과 통합적 주제망을 만들어 볼 수 있도록 돕는다.
  (질문1) 교과 수준 교육과정에서 유사한 학습 요소가 있습니까?
  (질문2) 하나의 주제로 묶어서 다루어 볼 만한 학습 요소가 있습니까? 또는 여러 학습 요소를 하나로 묶을 수 있는 주제가 있습니까?
- 개인별로 배부된 포스트잇의 가운데에 주제를 쓰고, 그 주제를 중심으로 통합할 수 있는 각 교과의 학습 요소 또는 학습 주제를 적어 보게 한다.

참여자

- 교과 수준 교육과정에서 서로 관련이 있는 학습 요소를 찾고 여러 학습 요소를 하나로 묶을 수 있는 주제를 찾아 포스트잇에 정리한다.

▣ 모둠 활동(3단계) : 교과 통합적 주제망 짜기 (20분)

앞선 활동에서 개별적으로 교과 통합적 주제망에 대한 아이디어를 준비했다면, 이번에는 모둠 구성원들과 의견을 주고받으면서 주제망을 정교하게 다듬어 보도록 한다. 단위학교 교사학습공동체의 경우 동학년 교사들끼리 모둠을 구성하고 P9에서 P11까지 해당 모둠으로 활동을 이어 가면 교과 통합적 주제와 목표의 분석에서부터 교과 통합 수준의 교육과정을 만들고 실행한 후 성찰하는 과정까지 연결해서 진행하기에 좋다.

먼저 모둠 구성원 각자가 준비한 교과 통합적 주제망을 돌아가면서 발표한 다음, 구성원들이 제시한 주제 중 하나를 선정하거나 주제들을 조합해 새로운 주제를 선정한다. 모둠 활동을 위한 전지 또는 칠판 가운데 선정된 주제를 적고 해당 주제를 중심으로 연결할 수 있는 학습 요소들을 정리해 주제망을 완성해 보도록 한다.

촉진자
- 2단계 활동을 바탕으로 참여자들이 교과 통합 수준에서 주제망을 개별적으로 준비하고 모둠 구성원과 협의하여 보다 상세하게 작성해 볼 수 있도록 돕는다.

참여자
- 각 모둠에서는 우선 모둠 구성원들이 한 명씩 돌아가면서 자신이 준비한 교과 통합 주제망을 소개한다.
- 각 모둠 구성원들의 발표 내용을 바탕으로 교과 통합 주제망을 구체화하거나 연결하여 활동 전지에 하나의 큰 교과 통합 주제망을 정리한다.

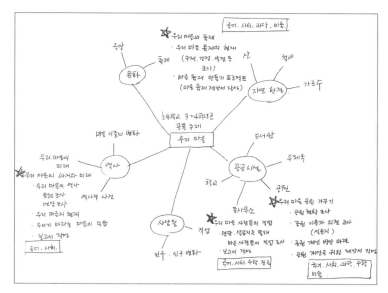

[그림 9] P9 모둠 활동 전지 예시

■ **공유하기**(3단계) (10분)

　각 모둠이 작성한 교과 통합적 주제망을 전체 구성원들과 공유하는 활동이다.

- 각 모둠별 발표 내용을 경청할 수 있는 분위기를 만든다.

- 각 모둠별로 구성원들이 작성한 교과 통합적 주제망에 대해 설명한다.
- 각 모둠별 활동 자료는 발표 후에 칠판이나 벽면에 게시한다.

■ **정리하기**(4단계) (5분)

　각 모둠의 활동 결과물에 대한 의견을 주고받으면서 지금까지의 활동을 정리한다. 동일한 교과 수준 교육과정을 바탕으로 했지만 각 모둠이 작성한 교과 통합적 주제망이 다르다는 점을 인식하고, 개별 차시나 교과의 범위를 벗어난 교육과정 재구성의 범위와 수준에 대해서도 생각해 봄으로써 교육과정 문해력을 확대할 수 있도록 한다.

촉진자 - 각 모둠별로 제출한 활동 결과물에 대해 서로 의견을 주고받을 수 있도록 하고, 교과 통합 수준의 교육과정 재구성을 위해서는 교과 교육과정에 대한 분석을 바탕으로 여러 교과의 교육과정을 통합적으로 파악하는 것이 필요함을 인식할 수 있도록 돕는다.

참여자 - 각 모둠별 활동 결과물에 대한 의견을 주고받으면서 교과 통합 수준의 교육과정 재구성에 대한 생각을 정리한다.

교과 통합의 세 가지 유형

교과 통합에 있어 학습의 주요 가치와 목적을 무엇으로 두는가에 따라 '○○ 중심 통합'으로 유형을 나누어 볼 수 있다.

우선 현행 초등학교 통합 교과 교과서가 택하고 있는 방식으로 주제 중심 통합이 있다. 초등학교 단계에서는 주로 탈학문적 주제를 택하지만, 학년이 올라갈수록 학문적 성격과 맥락이 분명한 주제를 중심으로 교과를 통합하는 것이 일반적이다. 실제 초·중·고 혁신학교에서 초등학교에서는 평화, 민주주의, 나와 우리를 주제로 하였고, 중학교는 탄소 줄이기, 고등학교는 기후 변화를 주제로 교과를 통합하여 운영한 사례가 있다(김정안 외, 2013).

둘째, 교과 속에 내재된 지식의 최소 단위로서의 개념을 중심으로 교과 통합을 시도하는 방법인 개념 중심 통합이 있다. 개념 중심 통합은 탈학문적 주제에서 점차로 간학문 또는 다학문적으로 개념을 중심에 둔 교과 통합을 하는 방식이라고 할 수 있다. 개념 중심 교과 통합을 하는 과정에서는 개념도를 유용하게 활용할 수 있다.

셋째, '다양한 현상이나 문제를 효율적으로 혹은 합리적으로 해결하기 위해 학습자(혹은 사회인)에게 요구되는 지식, 기능, 태도의 총체'로서의 핵심 역량을 중심으로 교과 통합을 시도하는 방안이 있다. 이광우 외(2009)에서는 창의력, 문제 해결 능력, 의사소통 능력, 정보 처리 능력, 대인 관계 능력, 자기 관리 능력, 시민의식, 국제사회 문화 이해, 진로 개발 능력 등 열 개 항목을 초·중등 학교 교육에서 강조해야 할 핵심 역량으로 제시한 바 있다. 2015 개정 교육과정에서는 교과별 교과 역량을 강조하고 있는데 통합할 교과의 교과 역량을 중심으로 통합하는 것도 핵심 역량 중심의 교과 통합 방안의 한 예로 생각할 수 있으리라 본다.

P10
교과 통합 수준 재구성 계획

개요

학습공동체 구성원들과 함께 교과 통합을 위한 주제와 목표를 확정하고 교과의 경계를 넘어 실행할 수 있는 교육과정과 교재를 만들어 본다. 이러한 활동을 통해 참여 교사들은 교과 통합 수준의 교육과정 재구성 사례와 앞서 준비한 교과 통합적 주제망을 참고하여 교과의 범위를 넘어선 교육과정 재구성 계획을 수립하고, 개별 교실 또는 동학년 수준에서 그 계획을 실행할 수 있는 수준까지 교육과정을 발전시키고 구체화해 볼 수 있다.

생각 열기 : 교과 통합 수준의 교육과정 재구성 사례	교과 통합의 주제와 목표 정하기	교과 통합 수준의 교육과정 만들기	공유하기 : 모둠 활동 결과 발표하기	정리하기 : 교과를 넘어 함께 만드는 교육과정
10분 전체 활동	5분 모둠 활동	20분 모둠 활동	10분 전체 활동	5분 전체 활동

준비물

2015 개정 교과 교육과정(공동체 상황에 따라 학년군 선정) 및 교과서, 필기구, 컬러 펜, 포스트잇(2종류), 활동 전지(모둠 칠판)

진행 절차

▣ 생각 열기(1단계) : 교과 통합 수준의 교육과정 재구성 사례 (10분)

교과 통합적 교육과정 재구성을 위한 모둠 활동을 시작하기에 앞서 관련 사례를 살펴보면서 앞으로의 활동을 준비한다.

먼저 교사학습공동체의 상황에 맞게 학교급과 주제 등을 고려해 현장 교사들의 교과 통합 수준 교육과정 재구성 사례를 한두 개 준비해 둔다. 해당 사례를 소개한 후 참여자들이 알고 있는 다른 사례에 대해서도 이야기를 나누면서 여러 사례들을 통해 교과 통합 수준의 교육과정 재구성에 대해 유연하게 접근할 수 있도록 한다.

촉진자

- 모둠 활동을 시작하기 전에 교과 통합 수준의 교육과정 재구성 사례를 소개
하고, 다음과 같은 질문을 통해 참여자들이 교과 통합 수준 교육과정 재구성
의 가능태를 떠올려 볼 수 있도록 돕는다.
(질문1) 이 밖에 주변에서 교과 통합 수준 교육과정 재구성을 계획하고 실행
한 사례에 대해 들어 보거나 경험해 본 적이 있습니까?

참여자

- 교과 통합 수준의 교육과정 재구성에 대한 직간접적인 경험을 떠올려 본다.

▣ 모둠 활동(2단계) : 교과 통합의 주제와 목표 정하기 (5분)

각 모둠별로 교과 통합 수준 교육과정 재구성 계획을 수립하기 위
해 통합의 주제와 목표를 먼저 정해 보도록 한다. 단위학교의 교사
학습공동체의 경우 동학년 교사들끼리 모둠을 구성하면 교과 통합
수준의 교육과정을 만들고 실행한 후 성찰하는 과정까지 이어서 진
행하기에 적절하다.

교과 통합의 주제와 목표는 완전히 새롭게 정할 수도 있고 앞선 프
로토콜에서 만들어 보았던 교과 통합적 주제망을 활용해 더 정교하
게 다듬을 수도 있다. 참여자들이 속해 있는 개별 학교와 학급의 구체
적인 상황을 고려하면서 주제와 목표를 세우면 실제 교실 수업에 적용
할 수 있는 교과 통합 수준의 교육과정을 설계하는 데 도움이 된다.

촉진자

- 다음 질문들을 활용하여 참여자들이 교과 통합의 주제와 목표를 정할 수 있
도록 돕는다.
(질문1) 교과 통합의 주제와 목표를 정하기 위해 고려해야 할 것들은 무엇입
니까?
(질문2) 우리 학교에서 교과 통합 수준 교육과정 재구성을 시도한다면 어떠
한 주제와 목표를 설정해 볼 수 있을까요?

참여자

- 각 모둠별로 교과 통합 수준 교육과정 재구성 계획을 수립하기 위한 통합의
주제와 목표를 정해 본다.

▣ 모둠 활동(3단계) : 교과 통합 수준의 교육과정 만들기 (20분)

교과 수준의 교육과정을 분석하고 교과 통합을 위한 주제와 목표를 모색했던 앞선 활동의 결과를 바탕으로 교과 통합 수준의 교육과정을 만들어 보는 활동이다. 어떤 교과들을 통합할지, 수업은 몇 차시로 구성할지, 학습 활동은 어떻게 구성할지와 같은 세부적인 사항은 각 모둠별로 협의를 통해서 정하도록 한다.

촉진자
- [P9]와 2단계 활동을 바탕으로 참여자들이 교육과정의 세부 계획을 채워 나갈 수 있도록 돕는다.

참여자
- 각 모둠에서는 교과 통합의 주제와 목표에 맞는 교육과정을 몇 차시 분량으로 기획할지 먼저 정한 후 그에 맞는 세부 주제를 확정한다.
- 세부 주제가 정해지면 그에 맞는 교과 수준 교육과정 성취기준을 연결하고 구체적인 활동 아이디어를 논의한 다음, 계획한 내용을 활동 전지에 정리한다.

▣ 공유하기(4단계) (10분)

각 모둠에서 작성한 교과 통합 수준의 교육과정을 전체 구성원들과 공유하도록 한다. 각 모둠별로 교과 통합 수준의 교육과정에 대해 발표를 한 뒤에는 해당 내용에 대한 질의응답을 통해 내용을 수정·보완하는 데 필요한 아이디어를 제공할 수 있다. 시간이 부족한 경우에는 포스트잇을 활용해 칠판이나 벽면에 게시된 자료에 의견을 덧붙이는 방식으로 참여자들 간의 소통을 유도하면 된다.

촉진자
- 각 모둠별 발표 내용을 경청할 수 있는 분위기를 만든다.

참여자
- 각 모둠별로 구성원들이 작성한 교과 통합 수준의 교육과정에 대해 설명한다.
- 각 모둠별 활동 자료는 발표 후에 칠판이나 벽면에 게시한다.

〈우리 동네 공원 개선 프로젝트〉 (초 3~4학년군)

단계별 학습 활동	차시 배정
활동 1. 문제 발견하기 : 공원과 우리의 삶 공원이 필요한 이유에 대해 생각해 보고, 우리 동네 공원은 어떤 모습인지에 대해 이야기를 나눠 본다(국어, 사회, 과학).	1차시
활동 2. 우리 동네 공원 탐색하기 공원 여기저기를 둘러보고 생태 환경이나 시설 안전 문제 등 공원의 환경 전반에 대해 탐색해 본다. 공원 놀이나 자연 놀이 등 놀이 수업을 통해 생태 환경을 알아볼 수 있다(과학). 공원을 주로 찾는 사람들은 누구이며 어떤 시설을 필요로 하는지에 대해서 생각해 보고 지역 주민이나 행정 담당자와의 면담을 통해 지역 주민들의 공원 이용 현황과 요구를 조사해 본다(사회). 공원의 전체 면적과 시설 배치의 효율성 등도 조사해 본다(수학).	3~4차시
활동 3. 공원 개선 계획 수립하기 회의를 통해 우리 동네 공원의 문제점과 개선 방안에 대한 이야기를 나눠 본다(국어). 설문 조사를 통해 공원을 이용하는 사람들의 생각을 조사할 수 있다(사회). 설문 조사 실시를 결정하면 설문지를 제작하고 배포한 후 통계 처리를 통해 설문 결과를 정리한다(국어, 수학, 사회).	2~3차시
활동 4. 우리 동네 공원 설계하기 현장 답사와 설문 조사, 회의 등의 결과를 토대로 공원의 일부 또는 전부를 새롭게 설계해 본다(국어, 사회, 과학). 공원 전체를 새롭게 만드는 방향으로 의견이 모아지면 공원을 구성하는 주요 시설을 모둠별로 배정해(예 : 식물, 놀이시설, 운동시설, 휴게시설, 화장실 등) 개선 계획을 세운다.	1~2차시
활동 5. 우리 동네 공원 모형 만들기 레고, 찰흙, 색종이 등 다양한 재료를 사용하여 〈활동 4〉에서 만든 설계도를 바탕으로 공원 모형을 만들어 본다(수학, 과학). 모형에 대한 간단한 설명도 함께 덧붙여 본다(국어).	2~3차시
활동 6. 활동 보고서 작성하기 우리 동네 공원 개선 프로젝트의 과정과 결과를 담은 글, 그림, UCC 등의 자료를 전시하고 그에 대한 상호평가를 해 본다.	1~2차시

[그림 10] P10 모둠 활동 전지 예시[81]

교과 통합 수준에서 교육과정을 재구성해 본 활동의 결과물에 대해 서로 이야기를 주고받으면서 이 차시의 활동을 마무리한다. 학습공동체 구성원들의 합의가 있다면, 이 활동을 통해 재구성한 교과 통합 수준 교육과정을 바탕으로 각 주제 또는 차시에 따른 교육 내용을 더 구체화하거나 교재를 개발해 보는 다음 단계의 활동으로 발전시켜 나갈 수 있다. 국가 수준 교육과정에 대한 분석에서 출발해 스스로 교재를 만드는 과정까지를 경험할 수 있다면, 그 교사는 교과서 집필에 참여한 교사에 준하는 교육과정 문해 경험을 하는 것이고 이 과정에서 교사의 교육과정 문해력이 심화되는 것을 확인할 수 있을 것이다.

촉진자

- 각 모둠별로 제출한 활동 결과물에 대해 서로 의견을 주고받을 수 있도록 하고, 교과 통합 수준의 교육과정 재구성은 차시와 교과, 교실 등의 경계를 넘어서서 교육과정의 설계와 실행의 수준과 범위를 넓히는 작업이라는 것을 인식할 수 있도록 돕는다.

참여자

- 각 모둠의 활동 결과물에 대해 자유롭게 이야기를 나눈다.

P11
재구성 과정 및 결과에 대한 성찰

개요

　교과 수준 또는 교과 통합 수준에서 교육과정을 재구성해 온 과정과 그 결과에 대해 되짚어 보면서 교육과정 재구성의 경험과 그 의미에 대해 성찰할 수 있는 기회를 제공한다.

　교육과정 재구성은 그 자체가 목적이 되면 교사가 소외될 수밖에 없음을 인식하고, 교과 교육과정의 분석 또는 교과 간 교육과정의 비교 분석 및 재구성 과정과 결과의 의미에 대해 되돌아본다. 또한 학습공동체와 함께 하는 교육과정 재구성 활동의 의미에 대해서도 생각해 보도록 한다.

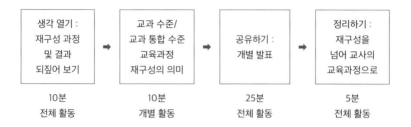

생각 열기 : 재구성 과정 및 결과 되짚어 보기	교과 수준/ 교과 통합 수준 교육과정 재구성의 의미	공유하기 : 개별 발표	정리하기 : 재구성을 넘어 교사의 교육과정으로
10분 전체 활동	10분 개별 활동	25분 전체 활동	5분 전체 활동

준비물

필기구, 컬러 펜, 성찰지(자유 양식)

진행 절차

▣ 생각 열기(1단계) : 재구성 과정 및 결과 되짚어 보기 (10분)

교육과정 문해력 프로토콜을 적용한 교사학습공동체의 활동을 성찰하고 정리하기 위한 활동이다. [P5]~[P7]에서 [P11]로 활동이 이어진 경우에는 교과 수준 교육과정 재구성의 과정과 결과에 대해서, [P8]~[P10]에서 [P11]로 활동이 이어진 경우에는 교과 통합 수준 교육과정 재구성의 과정과 결과에 대해서 전반적으로 정리해 본다.

촉진자

- 활동 결과물을 토대로 교과 수준 또는 교과 통합 수준 교육과정 재구성의 과정과 결과를 정리해 볼 수 있도록 돕는다.
- 칠판이나 벽에 부착된 활동 결과물을 활용할 수 있으며, 촉진자가 내용을 전반적으로 정리할 수도 있고 각 모둠별 대표의 발표를 통해 내용을 정리할 수도 있다.

참여자

- 교과 수준 또는 교과 통합 수준의 교육과정 재구성 과정과 결과를 정리한다.

■ **개별 활동(2단계) : 교과 수준/교과 통합 수준 교육과정 재구성의 의미 (10분)**

교과 수준 또는 교과 통합 수준에서 교육과정을 재구성해 본 경험이 교사 자신에게 어떤 의미를 지니는지를 성찰지에 개별적으로 기록해 보는 활동이다. 교사들에게 제공되는 성찰지의 양식은 따로 정해져 있지 않으며, 교사학습공동체의 특성에 맞게 만들어서 사용하면 된다.

 촉진자 - 참여자들이 교과 수준 또는 교과 통합적 교육과정 재구성의 경험을 통해 교사 개인이 생각하고 느낀 점에 대해 떠올려 볼 수 있도록 돕는다.

 참여자 - 개별적으로 성찰지에 교과 수준 또는 교과 통합적 교육과정 재구성 경험을 정리하고, 그 의미에 대해서 적어 본다.

■ **공유하기(3단계) (25분)**

개인별로 작성한 성찰지의 내용을 공유하면서 국가 교육과정 문서를 읽고 교사 자신의 교육과정을 쓰는 과정에서 교사 자신의 전문성이 어떻게 질적으로 변화되었는지 생각해 보도록 한다. 개별 발표가 끝난 후에는 질의응답을 통해 교육과정 재구성 경험 전반에 대한 자유로운 토론을 이어 가도록 하고, 동료 교사들과 함께 교육과정을 재구성한 경험의 의미에 대해서도 함께 이야기해 볼 수 있도록 한다.

 촉진자 - 각 개인별 발표 내용을 경청할 수 있는 분위기를 만들고, 개별 발표가 끝난 후에는 질의응답을 통해 자유로운 토론이 이루어질 수 있도록 돕는다.

 참여자 - 성찰지의 내용을 바탕으로 개별적으로 교과 수준 또는 교과 통합적 교육과정 재구성 경험의 의미에 대해 발표하고, 자유롭게 이야기를 나눈다.

■ **정리하기**(4단계) (5분)

　학교 현장에서 교육과정 재구성이 강조되면서 교육과정을 재구성하는 행위 자체에 관심이 쏠리는 경향이 있다. 그러나 중요한 것은 교육과정 재구성의 본질은 '재구성'이라는 행위 자체가 아니라 교육과정에 대한 교사의 능동적인 인식과 교육과정을 읽고 쓸 수 있는 능력이다. 교과 수준 또는 교과 통합 수준에서 교육과정을 재구성해 본 경험을 통해 교육과정에 대한 교사들의 인식이 어떻게 변화했는지를 점검하면서 지금까지의 활동을 마무리하도록 한다.

- 모든 발표와 토론이 마무리되면, 촉진자는 교육과정 재구성의 본질이 '재구성'이라는 행위에 있는 것이 아니라 재구성의 필요성에 대한 교사의 인식과 재구성의 목표 설정, 그리고 실행 과정에서의 교사의 고민과 성장에 있다는 점을 확인하며 활동을 정리한다.

- 교육과정 재구성에 대한 스스로의 인식을 성찰하고 교육과정을 읽고 쓰는 능력이 교사의 전문성에서 어떤 위상을 갖는지 생각해 본다.

미주

[1부]

1 1장의 1절 및 2절의 내용은 이혁규 외(2017)의《미래역량기반 교육과정-수업-평가 연계 방안 연구》보고서에서 필자가 집필한 부분(38~54쪽)과 박윤경, 김미혜, 김병수(2017)의 〈교육과정 문해력의 개념 정립을 위한 시론〉의 일부 내용을 수정·보완하여 작성한 것이며, 3절은 박윤경, 김미혜, 김동원, 장지은(2017)의 〈초등교사의 교육과정 문해력 구성요소 도출을 위한 교과 간 교육과정 문서 비교 연구: 2015 개정 국어·수학·사회·과학과 교육과정을 중심으로〉를 수정·보완하여 작성한 것이다.

2 박윤경, 김미혜, 김병수(2017). 29쪽.

3 김병수, 이현명(2016); 박윤경(2017); 박윤경, 김미혜, 김동원, 장지은(2017); 박윤경, 김미혜, 장지은, 김동원(2017); 박윤경, 김병수(2015); 백남진(2015); 정광순(2012).

4 김두정(2009); 김지선(2011); 박민정(2012); 박윤경(2003, 2004); 최진영, 이경진(2008).

5 박윤경, 김미혜, 장지은, 김동원(2017). 4쪽.

6 박윤경, 김미혜, 김병수(2017). 35쪽.

7 박윤경, 김미혜, 김병수(2017). 34쪽.

8 박대권(2006).

9 박윤경, 김미혜, 김병수(2017). 35쪽.

10 김평국(2004); 박순경 외(2003); 박윤경, 정종성, 김병수(2015).

11 박윤경, 정종성, 김병수(2015).

12 김세영, 정광순(2013); 박윤경, 김미혜, 김병수(2017); 백남진(2013); 정광순(2012); 허영주(2011).

13 백남진(2013); 정광순(2012).

14 박윤경, 김미혜, 김병수(2017). 39쪽.

15 박윤경, 김미혜, 김동원, 장지은(2017). 2쪽.

16 박윤경, 김미혜, 김병수(2017). 39~40쪽.

17 박윤경, 김미혜, 김병수(2017). 42쪽.

18 박윤경, 김미혜, 장지은, 김동원(2017).

19 Blum & Grobman(1991). p. 384; Smylie(1991). p. 386.

20 박윤경, 정종성, 김병수(2015). 118쪽.

21 Marsh(2009). p. 92.

22 길현주, 박가나(2015). 27쪽.

23 길현주, 박가나(2015). 27쪽.

24 Fullan(1991). pp. 378-379; Silberstein(1991). pp. 392-394. 박윤경, 정종성, 김병수(2015). 118쪽에서 재인용.

25 박윤경, 정종성, 김병수(2015). 121쪽.

26 이하 내용은 박윤경, 정종성, 김병수(2015). 120쪽의 내용을 재구성한 것임.

27 Snyder, Bolin & Zumwalt(1992). p. 404. 박윤경, 정종성, 김병수(2015). 120쪽에서 재인용.

28 박윤경, 정종성, 김병수(2015). 120쪽.

29 김주환(2014); 김진필, 박종률, 박대원(2012); 박윤경, 정종성, 김병수(2015, 2016); 백남진(2013).

30 박윤경, 정종성, 김병수(2015). 127쪽.

31 박윤경, 정종성, 김병수(2015). 130쪽.

32 김진필, 박종률, 박대원(2012). 32쪽.

33 김평국(2004, 2005)의 내용을 종합하여 정리함.

34 박윤경, 정종성, 김병수(2015). 134쪽.

35 박윤경, 김미혜, 장지은, 김동원(2017).

36 이혁규 외(2018). 53쪽에서 발췌.

37 서울대학교 교육연구소 편(1998).

38 박윤경, 정종성, 김병수(2016).

39 김미혜(2005).

40 이삼형 외(2007). 19~20쪽.

41 교육부(2015a). 3쪽.

42 이광우(2015).

43 이광우(2015).

44 서영진(2015).

45 모경환(2015).

46 박윤경, 김미혜, 김동원, 장지은(2017). 27~28쪽.

47 이 부분의 내용은 김미혜, 김동원, 장지은(2017)의 《교과 수준 교육과정 재구성 사례 연구: 국어, 수학, 사회, 과학과를 중심으로》 보고서와 박윤경(2017)의 〈예비교사의 사회과 교육과정 문해력 수준 비교〉, 김미혜, 김유미(2017)의 〈국어과 교육과정 문해력의 관점에서 바라본 초등 교사의 성장: 《마당을 나온 암탉》 수업 사례를 중심으로〉를 주로 활용하여 작성한 것이다.

48 박윤경, 김미혜, 장지은, 김동원(2017).

49 김병수, 이현명(2016); Giroux(1988). pp. 84-95.

50 이낭희(2019).

51 이낭희(2019). 56~57쪽.

52 '좋은 수업'의 의미를 한두 문장으로 명쾌하게 정리하기는 불가능하다. 학교급별로, 교과별로 좋은 수업에 대한 인식은 다를 수 있으며, 교사의 경력이나 교육관과 같은 다양한 요인들에 의해 좋은 수업에 대한 인식은 다를 수 있기 때문이다. 이 때문에 좋은 수업에 대해서는 이론적인 탐색보다는 예비 교사 및 현장 교사를 대상으로 한 인식 조사의 방법을 통해 다양한 논의가 이루어졌으며, 여기서는 권나윤, 박신영 (2017)의 연구를 토대로 관련 내용을 정리하였다.

53 서경혜(2004). 183쪽.

54 권나윤, 박신영(2017). 128쪽.

55 임찬빈, 강대현, 박상용(2006); 임찬빈, 곽영순(2006); 임찬빈, 노은희(2006); 임찬빈, 서지영(2006); 임찬빈, 이경언(2006); 임찬빈, 이수정(2006); 임찬빈, 이윤, 어도선(2006); 임찬빈, 차우규(2006); 임찬빈, 최승현(2006).

56 임찬빈 외(2004). 95~97쪽.

57 교육과정 가능성(curriculum potential)은 '학문→교육과정→교과서→수업'으로 변용되는 일련의 연속선상에서 작동하는 것으로, 교육과정 잠재력으로 번역되기도 한다. 교사는 학문 자료가 교육과정으로 변용될 때 다양하게 나타날 수 있는 가능성의 범위와 교육과정이 교과서로 변용될 때 생겨나는 가능성의 범위, 교육과정 자료로서의 교과서와 그것을 사용하는 교사의 상호작용에 의해 생기는 가능성의 영역 등을 고려할 수 있어야 한다. 교사의 교육과정 문해력은 교육과정 문서를 넘어선 이러한 가능성의 영역을 넘나들면서 작동하게 된다. 이에 대한 보다 자세한 설명은 김세영, 정광순(2013)을 참고할 수 있다.

58 김병수, 이현명(2016); 박윤경(2017).

[2부]

59 이 부분의 내용은 박윤경, 김미혜, 장지은(2018)의 〈교사학습공동체를 위한 교육과정 문해력 프로토콜의 개발 및 적용 가능성 탐색〉의 일부 내용(33~37쪽)을 수정·보완하여 작성한 것이다.

60 서경혜(2015). 27~46쪽.

61 김남균(2013); 김민조, 심영택, 김남균, 김종원(2016); 서경혜(2015).

62 김민조, 심영택, 김남균, 김종원(2016). 228쪽.

63 곽영순(2015). 85~86쪽.

64 김남수(2013); 김정원, 방정숙, 김상화(2017); 박민선, 최성욱(2017).

65 곽영순(2015); 곽영순, 김종윤(2016); 김남균, 심영택, 김민조, 이현명(2014); 김민조, 심영택, 김남균, 김종원(2016); 김주영, 장재홍, 박인우(2018); 박민선, 최성욱(2017);

서경혜(2009).

66 박민선, 최성욱(2017).

67 김주영, 장재홍, 박인우(2018).

68 권나영(2015).

69 박철희 외(2017).

70 김민조, 심영택, 김남균, 김종원(2016); 박민선, 최성욱(2017); 박철희 외(2017); 서경혜(2009).

71 김남균(2013).

72 김남균(2013). 2~3쪽.

73 김남균(2013).

74 김남균, 심영택, 김민조, 이현명(2014).

75 김남균(2013).

76 박윤경, 정종성, 김병수(2015). 120쪽.

77 박윤경, 정종성, 김병수(2015). 117~143쪽.

78 김세영, 정광순(2014). 133~161쪽을 참고하여 재구성한 것임.

79 P11은 4절의 내용과 같아 생략. 206쪽을 참조하시오.

80 김미혜, 권혁순, 김남균, 심승희(2016). 75~99쪽의 내용을 발췌, 재구성한 것임.

81 김미혜, 권혁순, 김남균, 심승희(2016). 86~87쪽.

참고문헌

[1부]

교육과학기술부(2009). **초·중등학교 교육과정 총론**. 교육과학기술부 고시 제2009-41호 .

교육부(1997). **초등학교 교육 과정**. 교육부 고시 제1997-15호.

_____(2015a). **국어과 교육과정**. 교육부 고시 제2015-74호 [별책 5].

_____(2015b). **과학과 교육과정**. 교육부 고시 제2015-74호 [별책 9].

_____(2015c). **사회과 교육과정**. 교육부 고시 제2015-74호 [별책 7].

_____(2015d). **초·중등학교 교육과정 총론**. 교육부 고시 제2015-74호 [별책1].

권나윤, 박신영(2017). '좋은 수업'에 대한 예비중등교사와 현직중등교사의 인식 분석: 좋은 수업의 특성 및 방해요인과 지원방안을 중심으로. **학습자중심교과교육연구**, 17(19), 123~150쪽.

권주석, 장대준(2008). 특수학급 교사의 교육과정 재구성에 대한 인식, 실천적 지식, 실행 수준과의 관계. **특수아동교육연구**, 10(4), 195~212쪽.

길현주, 박가나(2015). 사회과 교사들의 교육과정 재구성 경험에 관한 이해: 혁신학교 사례를 중심으로. **시민교육연구**, 47(1), 25~28쪽.

김두정(2009). 교육과정 실행에 관한 교사의 이론: 혼합적 연구 방법을 통한 교사의 실천적 지식의 탐구. **교육과정연구**, 27(3), 127~157쪽.

김미혜(2005). 사회·문화적 문해력 신장을 위한 방언의 교육 내용 연구: 문학 텍스트를 중심으로. **선청어문**, 33, 401~427쪽.

김미혜, 김동원, 장지은(2017). **교과 수준 교육과정 재구성 사례 연구: 국어, 수학, 사회, 과학과를 중심으로**. 청주교육대학교, 대학발전연구과제 보고서(CJE2016D006).

김미혜, 김유미(2017). 국어과 교육과정 문해력의 관점에서 바라본 초등 교사의 성장: 《마당을 나온 암탉》 수업 사례를 중심으로. **문학교육학**, 55, 9~46쪽.

김병수, 이현명(2016). 예비교사와 경력교사의 교육과정 문해력 수준 비교에 대한 사례 연구: 국어교과를 중심으로. **교육연구**, 67, 117~144쪽.

김세영, 정광순(2013). 교육과정 가능성의 개념 탐구. **교육과정연구**, 31(4), 28~50쪽.

김주환(2014). 스마트교육 시대 국어과 교사들의 교육과정 재구성 실태 조사. **청람어문교육**, 50, 35~60쪽.

김지선(2011). 수업반성을 통한 교육과정 실행가로서의 교사에 관한 연구. **교육과정연구**, 29(1), 187~208쪽.

김진필, 박종률, 박대원(2012). 중등체육교사의 교육과정 재구성 경험에 대한 내러티브 탐구. **한국체육교육학회지**, 17(1), 31~50쪽.

김평국(2004). 초등학교 교사들의 교과 내용 재구성 실태와 그 활성화 방안. **교육과정연구**, 22(2), 135~161쪽.

_____(2005). 중등학교 교사들의 교과 내용 재구성 실태와 그 활성화 방향. **교육과정연구**, 23(4), 91~130쪽.

김호권(1980). **학교학습의 탐구**. 서울: 교육과학사.

모경환 외(2015). **2015 개정 교과 교육과정 시안 개발 연구 I-사회과 교육과정**. 한국교육과정평가원(연구보고 CRC 2015-25-5).

문교부(1963). **국민학교 교육과정**. 문교부령 제119호 [별책].

_____(1981). **국민학교 교육과정**. 문교부 고시 제442호 [별책2].

_____(1987). **국민학교 교육과정**. 문교부 고시 제87-9호.

박대권(2006). 초등학교 교사들의 체육과 교육과정 재구성의 실제. **한국스포츠리서치**, 17(4), 739~748쪽.

박민정(2012). 교육과정 실행경험에 대한 초등 교사들의 내러티브 분석. **교육과정연구**, 30(3), 247~270쪽.

박세원(2013). 학생 이해에 기초한 교과교육과정 통합 재구성 전략: 도덕과를 중심으로. **한국초등교육**, 24(4). 57~77쪽.

박순경, 강창동, 김경희, 이광우, 이미숙, 손민호, 이희영(2003). **제7차 초·중등학교 교육과정 평가연구(III): 중학교 교육과정의 편성·운영·평가와 초·중학교급간 교과 교육과정의 연계성을 중심으로**. 한국교육과정평가원(연구보고 RRC 2003-2).

박윤경(2003). 사회과 수준별 교육과정 실행에 대한 연구. **시민교육연구**, 35(1), 143~172쪽.

_____(2004). 사회과 교육과정 실행 기제에 대한 연구. **사회과교육**, 43(1), 35~59쪽.

_____(2017). 예비교사의 사회과 교육과정 문해력 수준 비교. 제26회 학교와 수업 연구 학술대회: 학교 문화와 수업 연구, 청주교대 교육연구원·한국열린교육학회·인하대학교 교육연구소 공동 학술대회(2017. 4. 28.) 자료집.

박윤경, 김미혜, 김병수(2017). 교육과정 문해력의 개념 정립을 위한 시론. **교육연구논총**, 38(4), 27~50쪽.

박윤경, 김미혜, 김동원, 장지은(2017). 초등교사의 교육과정 문해력 구성요소 도출을 위한 교과 간 교육과정 문서 비교 연구: 2015 개정 국어·수학·사회·과학과 교육과정을 중심으로. **학교와 수업 연구**, 2(1), 1~30쪽.

박윤경, 김미혜, 장지은, 김동원(2017). 초등학교 교육과정 재구성 우수 사례 교사가 갖는 교육과정 문해력의 특성 연구. **학교와 수업 연구**, 2(2), 1~19쪽.

박윤경, 김병수(2015). 교육과정 문해력에 관한 이론적 탐색. 교과 교수역량 강화를 위한 실천 전략 1. 청주교대 교육연구원·한국사회과교육학회·한국초등수학교육학회 공동 학술대회(2015. 4. 25.) 자료집.

박윤경, 정종성, 김병수(2015). 초등학교 교사들의 교육과정 인식 및 재구성 실태조사. **초등교육연구**, 28(4), 117~143쪽.

_____(2016). 초등학교 교사들의 교육과정 관련 인식이 교육과정 재구성에 미치는 영향. **초등교육연구**, 29(2), 105~128쪽.

박일수(2013). 교육과정 재구성의 학습효과에 관한 메타분석. **교육과정연구**, 31(4), 141~164쪽.

백남진(2013). 교사의 교육과정 해석과 교육과정 잠재력. **교육과정연구**, 31(3), 201~225쪽.

_____(2015). 과학적 소양에 기반한 과학과 성취기준의 개발 방향 탐색: 캐나다, 호주, 싱가포르 과학 기준을 중심으로. **교육과학연구**, 46(2), 1~29쪽.

서경혜(2004). 좋은 수업에 대한 관점과 개념: 교사와 학생 면담 연구. **교육과정연구**, 22(4). 165~187쪽.

_____(2009). 교사들의 교육과정 재구성 실천 경험에 대한 사례 연구. **교육과정연구**, 27(3), 159~189쪽.

서영진(2015). 2015 개정 국어과 교육과정의 주요 쟁점과 향후 과제. **청람어문교육**, 56, 67~106쪽.

서울대학교 교육연구소 편(1998). **교육학 대백과사전**. 서울: 도서출판 하우.

이광우(2015). 2015 개정 교육과정에서의 핵심개념, 핵심역량. 한국가정과교육학회 학술대회 자료집, 11~29쪽.

이낭희(2019). **나만의 문학 수업을 디자인하다**. 서울: 휴머니스트.

이삼형, 김중신, 김창원, 이성영, 정재찬, 서혁, 심영택, 박수자(2007). **국어교육학과 사고**. 서울: 역락.

이혁규, 조용훈, 박윤경, 김병수, 정영선, 한희정(2017). 미래역량기반 교육과정-수업-평가 연계 방안 연구. 서울특별시교육청교육연구정보원·서울교육정책연구소 2017 위탁연구 보고서(서교연 2017-62).

임찬빈, 강대현, 박상용(2006). **수업평가 매뉴얼: 사회과 수업평가 기준**. 한국교육과정평가원(연구자료 ORM 2006-24-6).

임찬빈, 곽영순(2006). **수업평가 매뉴얼: 과학과 수업평가 기준**. 한국교육과정평가원(연구자료 ORM 2006-24-7).

임찬빈, 노은희(2006). **수업평가 매뉴얼: 국어과 수업평가 기준**. 한국교육과정평가원(연구자료 ORM 2006-24-3).

임찬빈, 서지영(2006). **수업평가 매뉴얼: 체육과 수업평가 기준**. 한국교육과정평가원(연구자료 ORM 2006-24-8).

임찬빈, 이경언(2006). **수업평가 매뉴얼: 음악과 수업평가 기준**. 한국교육과정평가원(연구자료 ORM 2006-24-9).

임찬빈, 이수정(2006). **수업평가 매뉴얼: 기술·가정 수업평가 기준**. 한국교육과정평가원(연구자료 ORM 2006-24-10).

임찬빈, 이윤, 어도선(2006). **수업평가 매뉴얼: 영어과 수업평가 기준**. 한국교육과정평가원 (연구자료 ORM 2006-24-11).

임찬빈 외(2004). **수업평가 기준 개발 연구(I)**. 한국교육과정평가원(연구보고 RRI 2004-5).

임찬빈, 차우규(2006). **수업평가 매뉴얼: 도덕과 수업평가 기준**. 한국교육과정평가원(연구 자료 ORM 2006-24-4).

임찬빈, 최승현(2006). **수업평가 매뉴얼: 수학과 수업평가 기준**. 한국교육과정평가원(연구 자료 ORM 2006-24-5).

정광순(2012). 교사의 교육과정에 대한 문해력. **통합교육과정연구**, 6(2), 109~132쪽.

최진영, 이경진(2008). 실행의 깊이에 따른 교사신념 및 지식과 교육과정 실행 간의 관 계: 초등 사회과 수행평가를 중심으로. **교육과정연구**, 26(1), 103~126쪽.

허영주(2011). 교사 상상력의 교육과정적 함의. **교육과정연구**, 29(1), 137~163쪽.

Blum, A. & Grobman, A. B.(1991). Curriculum adaptation. In A. Lewy (Ed.). *The international encyclopedia of curriculum* (pp. 384-386). Oxford: Pergamon.

Brophy, J. & Porter, A.(1987). *Good teaching: Insights from the work of the Institute for Research on Teaching*. Institute for Research on Teaching, College of Education, Michigan State University.

Fullan, M.(1991). Curriculum implementation. In A. Lewy (Ed.). *The international encyclopedia of curriculum* (pp. 378-384). Oxford: Pergamon.

Giroux, H. A.(1988). *Teachers as intellectuals: Toward a critical pedagogy of learning*. Granby, Mass.: Bergin & Garvey. 이경숙 옮김(2001). 교사는 지성인 이다. 서울: 아침이슬.

Goodlad, J. I.(1966). *School, curriculum and the individual*. Waltham, MA: Blaisdell.

Marsh, C. J.(2009). *Key concepts for understanding curriculum*. London: Routledge.

Silberstein, M.(1991). Curriculum studies in teachers' education. In A. Lewy (Ed.). *The international encyclopedia of curriculum* (pp. 392-394). Oxford: Pergamon Press.

Smylie, M. A.(1991). Curriculum adaptation within the class. In A. Lewy (Ed.). *The international encyclopedia of curriculum* (pp. 386-388). Oxford: Pergamon Press.

Snyder, J., Bolin, F. & Zumwalt, K.(1992). Curriculum implementation. In P. W. Jackson (Ed.). *Handbook of research on curriculum* (pp. 402-435). New York: Macmillan.

Zemelman, S., Daniels, H. & Hyde, A.(1998). *Best practice: New standards for teaching and learning in america's schools*. Portsmouth, NH: Heinemann.

Zimitat, C.(2006). First year students' perceptions of the importance of good teaching: Not all things are equal. *Research and Development in Higher Education*, 29, pp. 386-392.

[2부]

곽영순(2015). 교사 학습공동체의 발달 단계 탐색. **교육과정평가연구**, 18(2), 83~104쪽.

곽영순, 김종윤(2016). 한국형 교사 학습공동체의 특성과 과제. **교육과정평가연구**, 19(1), 179~198쪽.

권나영(2015). 수학교사 학습공동체의 의미와 활동. **교육문화연구**, 21(3), 83~102쪽.

김남균(2013). 교사학습공동체에서 프로토콜을 적용한 사례와 그 유용성에 대한 연구. **초등교육연구**, 26(3), 1~20쪽.

김남균, 심영택, 김민조, 이현명(2014). 교사학습공동체의 대화 분석과 교육적 의미 탐색: 초등 수학 교과를 중심으로. **화법연구**, 25, 7~40쪽.

김남수(2013). 초등학교 전문학습공동체의 환경 수업 공동 설계와 실행 사례 연구: 환경 수업 전문성의 관점에서. **환경교육**, 26(3), 315~335쪽.

김미혜, 권혁순, 김남균, 심승희(2016). 초등 예비교사의 교과 통합 수업 능력 신장을 위한 프로젝트 수업 사례 연구. **학교와 수업 연구**, 1(1), 75~99쪽.

김민조, 심영택, 김남균, 김종원(2016). 교사들의 '반(半) 자발성'에서 출발한 학교내 교사 학습공동체 운영 사례 연구. **한국교원교육연구**, 33(4), 223~248쪽.

김세영, 정광순(2014). 초등 교사의 교육과정 이야기. **교육과정연구**, 32(2), 133~161쪽.

김정안 외(2013). **주제통합수업 - 교사와 학부모가 함께 읽는**. 서울: 맘에드림.

김정원, 방정숙, 김상화(2017). 전문적 학습공동체의 초등 수학 수업에 관한 사례연구. **초등수학교육**, 20(4), 267~286쪽.

김주영, 장재홍, 박인우(2018). 전문적 학습공동체 참여 여부에 따른 교사협력정도, 수업 개선활동, 교사효능감, 교직만족도 비교 분석. **교사교육연구**, 57(1), 1~15쪽.

박민선, 최성욱(2017). 단위학교 교사학습공동체 내 초등교사의 교육과정 실행 경험에 대한 근거이론 연구. **교원교육**, 33(2), 171~203쪽.

박윤경, 김미혜, 김동원, 장지은(2017). 초등교사의 교육과정 문해력 구성요소 도출을 위한 교과 간 교육과정 문서 비교 연구: 2015 개정 국어·수학·사회·과학과 교육과정을 중심으로. **학교와 수업 연구**, 2(1), 1~29쪽.

박윤경, 김미혜, 장지은(2018). 교사학습공동체를 위한 교육과정 문해력 프로토콜의 개발 및 적용가능성 탐색. **교육문화연구**, 24(5), 31~56쪽.

박윤경, 정종성, 김병수(2015). 초등학교 교사들의 교육과정 인식 및 재구성 실태조사. **초등교육연구**, 28(4), 117~143쪽.

박철희, 김왕준, 이태구, 이정윤, 민경용(2017). 교사학습공동체의 실태와 활성화 방안: 강원도 지역을 중심으로. **교육문화연구**, 23(5), 223~249쪽.

서경혜(2009). 교사전문성 개발을 위한 대안적 접근으로서 교사학습공동체의 가능성과 한계. **한국교원교육연구**, 26(2), 243~276쪽.

_____(2015). **교사학습공동체 - 집단전문성 개발을 위한 한 접근**. 서울: 학지사.

이광우, 전제철, 허경철, 홍원표, 김문숙(2009). **미래 한국인의 핵심 역량 증진을 위한 초·중등학교 교육과정 설계 방안 연구보고서**. 한국교육과정평가원(연구보고 RRC 2009-10-1[경제 인문사회연구회 미래사회협동연구총서 09-01-01]).

Easton, L. B.(2009). *Protocols for professional learning*. Alexandria, VA: ASCD.

McDonald, J. P., Mohr, N., Dichter, A. & McDonald, E. C.(2007). *The power of protocols*: An Educator's Guide to Better Practice. New York: Teachers College Press. 심영택, 김남균, 김남수, 김민조, 김종원, 이현명 옮김(2017). **교사학습공동체 운영을 위한 프로토콜 - 더 나은 실천을 꿈꾸는 교사들에게**. 서울: 도서출판 하우.

Schön, D.(1983). *The reflective practitioner: How professionals think in action*. New York: Basic Books.

표와 그림 목록

교육공동체 벗

교육공동체 벗은 협동조합을 모델로 하는 작은 지식공동체입니다.
협동조합은 공통의 목적을 가진 사람들이 모여서 만든
권력과 자본으로부터 독립된 경제조직입니다.
교육공동체 벗의 모든 사업은 조합원들이 내는 출자금과 조합비로 운영됩니다.
수익을 목적으로 하지 않기에 이윤을 좇기보다
조합원들의 삶과 성장에 필요한 일들과
교육운동에 보탬이 될 수 있는 사업들을 먼저 생각합니다.
정론직필의 교육전문지, 시류에 휩쓸리지 않는 정직한 책들,
함께 배우고 나누며 성장하는 배움 공간 등
우리 교육 현실에 필요한 것들을 우리 힘으로 만들고 함께 나누고 있습니다.

조합원 참여 안내

출자금(1구좌 일반 : 2만 원, 터잡기 : 50만 원)을 낸 후 조합비(월 1만 5천 원 이상)를 약정해 주시면 됩니다. 조합원으로 참여하시면 교육공동체 벗에서 내는 격월간 교육전문지 《오늘의 교육》과 조합통신을 받아 보실 수 있습니다. 출자금은 종잣돈으로 가입할 때 한 번만 내시면 됩니다. 조합을 탈퇴하거나 조합 해산 시 정관에 따라 반환합니다. 터잡기 조합원은 벗의 터전을 함께 다지는 데 의미와 보람을 두며 권리와 의무에서 일반 조합원과 차이는 없습니다. 아래 홈페이지나 카페에서 조합 가입 신청서를 내려받아 작성하신 후 메일이나 팩스로 보내 주세요.

홈페이지 communebut.com
카페 cafe.daum.net/communebut
이메일 communebut@hanmail.net
전화 02-332-0712
팩스 0505-115-0712

교육공동체 벗을 만드는 사람들

후쿠시마 미노리, 황지영, 황정일, 황정인, 황정원, 황이경, 황윤호성, 황봉희, 황기철, 황규선, 황고운, 홍정인, 홍용덕, 홍순성, 홍세화, 홍성구, 홍석근, 현복실, 현미열, 허효인, 허창수, 허유영, 허성균, 허보영, 허기영, 허광영, 합점순, 합영기, 한학범, 한채민, 한지혜, 한은옥, 한영욱, 한소영, 한성찬, 한민혁, 한만중, 한날, 한길수, 한경희, 하정호, 하인호, 하유나, 하승우, 하승수, 하순배, 탁동철, 최희성, 최현숙, 최현미, 최현규, 최주연, 최정읍, 최정아, 최은정, 최은숙, 최은경, 최윤미, 최원혜, 최영식, 최영미, 최연희, 최연정, 최승훈, 최복성, 최선영, 최선경, 최봉선, 최보람, 최병우, 최미영, 최류미, 최대현, 최기호, 최광용, 최경미, 최경련, 최강도, 채효정, 채종민, 채용, 채욱엽, 채민정, 차종숙, 차용훈, 진현, 진주형, 진용용, 진영준, 진낭, 지정순, 지수연, 주유아, 주순영, 조희정, 조형식, 조현민, 조향미, 조해수, 조진희, 조지연, 조준혁, 조주원, 조정희, 조응현, 조윤성, 조원희, 조원배, 조용진, 조영현, 조영욱, 조영실, 조영선, 조어은, 조여경, 조성희, 조성실, 조성배, 조성대, 조석현, 조석영, 조문경, 조남규, 조경애, 조경아, 조경삼, 조경미, 제남모, 정희영, 정희선, 정홍윤, 정혜령, 정혜진, 정현진, 정현주, 정현숙, 정혜레나, 정태회, 정춘수, 정진영a, 정진영b, 정진규, 정종헌, 정종민, 정재학, 정이든, 정은희, 정은주, 정은균, 정유진, 정유숙, 정유섭, 정원탁, 정원석, 정용주, 정예슬, 정영현, 정영수, 정애순, 정수연, 정선영, 정보라, 정민형, 정미숙a, 정미숙b, 정명옥, 정명영, 정득년, 정대수, 정남주, 정광호, 정광필, 정광일, 정란모, 정경원, 전혜원a, 전혜원b, 전정희, 전유미, 전세란, 전병기, 전민기, 전미영, 전명훈, 전난희, 장홍월, 장현주, 장인하, 장은하, 장은미, 장유영, 장원영, 장시준, 장상욱, 장병훈, 장병학, 장병순, 장근영, 장군, 장경훈, 임혜정, 임향신, 임한철, 임지영, 임중혁, 임종길, 임경은, 임선수, 임은우, 임수진, 임성비, 임성무, 임선영, 임상진, 임동헌, 임덕연, 이희옥, 이희연, 이효진, 이화현, 이호진, 이혜정, 이혜련, 이현, 이혁구, 이향숙, 이한진, 이태영a, 이태영b, 이영선, 이조선, 이종선, 이조여선, 이조여은, 이조화, 이정회b, 이재형, 이재익, 이재영, 이재두, 이인사, 이은희a, 이은희b, 이은향, 이은진, 이은주, 이은영, 이은숙, 이윤정, 이윤엽, 이윤승, 이윤선, 이윤미, 이윤경, 이유진a, 이유진b, 이월녀, 이원님, 이용환, 이용석a, 이용석b, 이용기, 이영화, 이영혜, 이영주, 이영아, 이영상, 이연진, 이연주, 이연숙, 이연수, 이승헌, 이승태, 이승연, 이승아, 이슬기a, 이슬기b, 이수정a, 이수정b, 이수연, 이수미, 이소형, 이성호, 이성대, 이성복, 이성휘, 이성호, 이성연, 이성애, 이선애, 이선미, 이상훈, 이상화, 이상직, 이상원, 이상우, 이상미, 이상대, 이병준, 이병곤, 이범희, 이민아, 이미옥, 이미숙, 이미라, 이문영, 이명훈, 이명형, 이동철, 이동준, 이덕주, 이남숙, 이난영, 이나경, 이기규, 이근희, 이근철, 이근영, 이광연, 이계삼, 이경화, 이경은, 이경욱, 이경언, 이경림, 이건진, 윤홍은, 윤지형, 윤종원, 윤우람, 윤영훈, 윤영백, 윤수진, 윤상혁, 윤병일, 윤규식, 유효성, 유재웅, 유영길, 유수연, 유병준, 유병훈, 위양자, 원지영, 원성제, 우정선, 우지영, 우수경, 오종근, 오정오, 오재홍, 오은정, 오은경, 오유진, 오수민, 오세희, 오민식, 오명환, 오동석, 엄정신, 여희영, 여태진, 엄장호, 엄지선, 엄재홍, 엄기호, 엄기욱, 양해준, 양지선, 양은주, 양은숙, 양영화, 양애정, 양선형, 양서영, 양상진, 안효빈, 안찬원, 안지현, 안지윤, 안지영, 안준철, 안정선, 안용덕, 안옥수, 안영신, 안영빈, 안순억, 심향일, 심은보, 심승희, 심수환, 심동우, 심경일, 신혜선, 신충일, 신창호, 신복순, 신종휘, 신중식, 신은주, 신유준, 신소미, 송호영, 송화영, 송한별, 송정은, 송인혜, 송용석, 송승훈, 송명숙, 송근희, 손현아, 손진근, 손정란, 손은경, 손성연, 손민정, 손미숭, 소수열, 성현석, 성유진, 성용혜, 성열관, 설은주, 설원민, 선휘성, 선미라, 석옥자, 석경순, 서혜진, 서지연, 서정오, 서인선, 서이슬, 서순지, 서우철, 서예원, 서명숙, 서금자, 서강선, 상형규, 변현숙, 백현희, 백영호, 백승범, 배희철, 배주영, 배정현, 배정원, 배이상헌, 배영진, 배애숙, 배경내, 방득일, 방경내, 반영진, 박희걸, 박희영, 박효노, 박효진, 박해숙, 박형원, 박형일, 박현희, 박현주, 박현숙, 박춘애, 박춘배, 박철호, 박진환, 박진현, 박진수, 박진교, 박시희, 박지홍, 박지혜, 박지인, 박지원, 박중구, 박정아, 박정미a, 박정미b, 박재선, 박누하, 박은정, 박은아, 박은경a, 박은경b, 박유나, 박옥주, 박옥균, 박영실, 박신자, 박숙현, 박수진, 박세영a, 박세영b, 박성규, 박복선, 박미희, 박명진, 박명숙, 박동혁, 박도정, 박도영, 박대성, 박노해, 박내현, 박나실, 박고형준, 박경재, 박경이, 민병성, 문정용, 문용석, 문영주, 문순옥, 문수현, 문수영, 문수경, 문성철, 문맹숙, 문경희, 모은정, 마승희, 류형우, 류창모, 류정희, 류재형, 류재황, 류우종, 류명숙, 류경원, 도정철, 도방주, 데와 타카유키, 노영현, 노상경, 노미경, 노경미, 남효숙, 남정민, 남윤희, 남유경, 남원호, 남예린, 남미자, 남궁역, 날맹, 나규환, 김희정, 김희옥, 김홍규, 김훈태, 김환희, 김홍규, 김혜영, 김혜림, 김형렬, 김현진a, 김현주a, 김현주b, 김현영, 김현실, 김현경, 김헌택, 김필임, 김태훈, 김춘성, 김천영, 김찬우, 김찬영, 김진희, 김진숙, 김진명, 김진, 김지훈, 김지연a, 김지연b, 김지미b, 김지향, 김중미, 김준연, 김주영, 김종률, 김종훈, 김종영, 김종성, 김정희, 김정주, 김정식, 김정삼, 김재황, 김재민, 김인순, 김이은, 김이민경, 김은파, 김은영, 김은아, 김은식, 김은숙, 김윤주, 김윤우, 김원예, 김원석, 김우희, 김우영, 김우, 김용훈, 김용앙, 김용만, 김요한, 김영희, 김영진a, 김영진b, 김영주a, 김영주b, 김영아, 김영순, 김영삼, 김연정a, 김연정b, 김연일, 김연오, 김연미, 김애숙, 김아현, 김순천, 김순희, 김순길, 김수진b, 김수정a, 김수정b, 김소희, 김소혜, 김세호, 김세영, 김성탁, 김성일, 김성숙, 김성보, 김선희, 김선철, 김선우, 김선미, 김선구, 김석준, 김석규, 김상희, 김상성, 김빛나, 김봉석, 김보현, 김병희, 김병훈, 김병기, 김민희, 김민선, 김민곤, 김민결, 김미향a, 김미향b, 김미진, 김미숙, 김미선, 김문옥, 김무영, 김묘선, 김명희, 김명섭, 김동현, 김동춘, 김동일, 김동원, 김도석, 김다희, 김다영, 김남철, 김나혜, 김기웅, 김기언, 김규태, 김광민, 김고종호, 김경일, 김경미, 김갑용, 김가연, 기세라, 금현진, 금현숙, 금명순, 권희중, 권희영, 권혁천, 권태용, 권자영, 권용해, 권미지, 국찬식, 구자혜, 구자숙, 구완회, 구수연, 구본희, 구미숙, 쟁이눈, 꽁홈, 곽herm희, 곽현주, 곽진경, 곽노현, 곽노근, 곽경훈, 공현, 공영아, 고준식, 고진선, 고은미, 고윤정, 고영주, 고영실, 고병헌, 고병연, 고민경, 강화정, 강현주, 강현정, 강한아, 강태식, 강준희, 강인성, 강이진, 강은영, 강윤진, 강영일, 강영구, 강순원, 강수미, 강수돌, 강성규, 강석도, 강서형, 강경모

, *2022년 2월 17일 기준 770명